NCME

Concorso Agenzia Entrate 2023

D1731010

First edition

This book was professionally typeset on Reedsy.
Find out more at reedsy.com

Contents

INTRODUZIONE

Nel panorama delle opportunità lavorative in Italia, poche sfide sono tanto rilevanti e ambite quanto quella di entrare a far parte dell'Agenzia delle Entrate. Nel corso degli anni, questa istituzione si è guadagnata una posizione di primaria importanza nella gestione delle finanze pubbliche, svolgendo un ruolo fondamentale nel garantire che il sistema fiscale funzioni in modo efficiente ed equo. Il 2023 presenta un'occasione unica, con la prospettiva di circa 5000 nuove assunzioni all'interno dell'agenzia. In questo contesto, il presente libro si propone di essere una guida completa e indispensabile per coloro che si preparano a sostenere l'esame per lavorare presso l'Agenzia delle Entrate.

Attraverso queste pagine, esploreremo in dettaglio il processo di selezione, le competenze richieste e le sfide affrontate dai candidati nel superare i test di ammissione. All'approfondimento delle conoscenze fiscali e amministrative, alla pratica di abilità logiche e analitiche, scopriremo come l'esame venga strutturato per valutare le capacità necessarie a operare efficacemente all'interno di un'agenzia che ha un impatto diretto sulle finanze pubbliche e sulla vita di ogni cittadino italiano.

Ma questo libro non si limita a fornire una mera preparazione per l'esame. Esso mira a offrire una panoramica completa sull'Agenzia delle Entrate stessa: la sua storia, le sue funzioni, le sfide che affronta e il suo ruolo cruciale nell'attuale contesto economico e sociale. Inoltre, cercheremo di ispirare i futuri candidati, offrendo consigli pratici su come affrontare lo studio, gestire lo stress e affinare le competenze personali che saranno preziose non solo per superare l'esame, ma anche per una futura carriera all'interno dell'agenzia.

In definitiva, questo libro è stato concepito per essere una guida completa, accurata e motivante per coloro che mirano a cogliere l'opportunità di lavorare per l'Agenzia delle Entrate nel 2023. Che tu sia un neolaureato, un professionista in cerca di nuove sfide o semplicemente interessato a comprendere meglio il funzionamento di un'istituzione chiave nel panorama italiano, ti invito a immergerti in queste pagine e a intraprendere un viaggio verso una carriera potenzialmente trasformativa.

1

COSA DEVI SAPERE PRIMA DI INIZIARE

La domanda per il concorso va presentata prima del 26 agosto alle 23:59. La domanda potrà essere presentata solo in una regione specifica.

(NOTA: Scelta molto importante dato che in alcune regioni risulterà più facile data la minore concorrenza. Infatti non si parla di qualche decimo di punto di differenza in quanto in passato in alcune regioni si superava la prova con punteggio di 24/30 mentre in altre di 27.5/28...)

Quanti posti sono disponibili:

DIREZIONE REGIONALE LOMBARDIA: 900
   DIREZIONE REGIONALE LAZIO E UFFICI CENTRALI: 800
   DIREZIONE REGIONALE VENETO: 680
   DIREZIONE REGIONALE PIEMONTE: 350
   DIREZIONE REGIONALE EMILIA-ROMAGNA: 350
   DIREZIONE REGIONALE TOSCANA: 330

DIREZIONE REGIONALE LIGURIA: 150
DIREZIONE REGIONALE ABRUZZO: 100
DIREZIONE REGIONALE FRIULI-VENEZIA GIULIA: 80
DIREZIONE REGIONALE MARCHE: 80
DIREZIONE REGIONALE SARDEGNA: 80
DIREZIONE PROVINCIALE DI BOLZANO: 30
DIREZIONE REGIONALE UMBRIA: 20
DIREZIONE PROVINCIALE TRENTO: 20

Perchè non ci sono posti al sud disponibili?

Perché con il precedente bando hanno assunto più dei posti che erano disponibili, essendo "in sovrannumero". Pertanto ad ora non sono necessari nuovi posti. Inoltre negli ultimi mesi c'è stata grande mobilità nell'agenzia delle entrate verso le regioni del Sud.

La domanda va necessariamente presentata tramite portale INPA. Per presentare la domanda è necessario avere SPEED ed una PEK (nel caso non avessi queste due documentazioni, non preoccuparti, nel giro di 24-48 ore puoi ottenerle).

Probabilmente ci saranno più di 100'000 domande...ma tranquillo/a, questo non ti deve spaventare!
Normalmente molti fanno la domanda, dato che non costa nulla, ma solo una parte poi effettivamente si presenta.
Di quelli che si presentano poi bisogna considerare che una buona percentuale non ha aperto libro e va a fortuna (pensando che "tanto sono crocette"...)
Tra quelli invece che hanno studiato bisogna poi considerare che alcune persone hanno speso effettivamente tempo nello

studio, ma non hanno studiato nella maniera giusta!

Questo libro ti aiuta a massimizzare il tempo rimasto con una preparazione ad hoc per passare il concorso! Sei in buone mani!

Il punteggio minimo per passare la prova è di 21/30esimi. Tendenzialmente chi supera la prova, anche se non entra nella prima graduatoria, ottiene il posto nel giro di pochi mesi dato che la graduatoria scorre abbastanza agevolmente.

2

CONSIGLI PER FARE UN BUON ESAME

1. **Esercitarsi con il Timer:** È fondamentale esercitarsi con un timer durante la preparazione per un test. Imposta un limite di tempo ragionevole per ciascuna domanda e mantieni il ritmo. Ad esempio, puoi dedicare circa 30 secondi per ogni domanda simile al test. Questo ti aiuterà a sviluppare la capacità di gestire il tempo durante l'esame, evitando di perdere troppo tempo su una singola domanda e garantendo di rispondere al maggior numero possibile di domande.

2. **Prepararsi Mentalmente per Postazioni Scomode:** È probabile che le postazioni durante il test non siano comodissime. Spesso si svolgono in ambienti come palazzetti o aule scolastiche, con sedie e tavoli che potrebbero non essere ideali per lunghi periodi. Preparati mentalmente ad affrontare queste condizioni non ideali, in modo da non essere distratto/a dall'incomodità durante il test. Una buona postura e la capacità di concentrarti nonostante il

disagio possono fare la differenza.

3. **Esercitarsi quotidianamente:** La preparazione regolare e costante è essenziale per affrontare un esame con sicurezza. Eseguire test simulati ogni giorno o più volte alla settimana nelle settimane precedenti all'esame ti consentirà di familiarizzare con il formato delle domande, migliorare le tue capacità di analisi e avere un'idea chiara di cosa aspettarti il giorno dell'esame. Ripassare regolarmente ti aiuterà a mantenere freschi i concetti e a ridurre l'ansia da esame.

Ricorda che la pratica diligente e l'approccio mentale positivo sono fondamentali per ottenere il massimo dalla tua preparazione e per affrontare l'esame con fiducia.

3

DIRITTO TRIBUTARIO: BREVE RIASSUNTO

Sezione 1: Introduzione al Diritto Tributario

Il diritto tributario riveste un ruolo cruciale all'interno del contesto giuridico di uno Stato, in quanto stabilisce le norme e le procedure necessarie per la corretta riscossione delle tasse da parte delle autorità statali o locali. Questa branca del diritto non solo regola il processo di raccolta dei fondi necessari al finanziamento dei servizi pubblici essenziali, ma svolge anche un ruolo strategico nell'equilibrare gli interessi degli individui e dell'amministrazione fiscale.

L'obiettivo primario del diritto tributario è garantire la stabilità finanziaria dello Stato, assicurando che le risorse necessarie per sostenere le attività governative e per realizzare progetti pubblici siano raccolte in modo equo ed efficiente. Attraverso la tassazione, lo Stato può finanziare programmi di assistenza sociale, infrastrutture, istruzione e sanità, tra molti altri servizi essenziali che contribuiscono al benessere generale della società.

All'interno del quadro del diritto tributario, troviamo una serie di principi fondamentali che fungono da pilastri per la giustizia fiscale e la responsabilità. Il principio di legalità sottolinea che l'istituzione e la modifica delle tasse devono avvenire esclusivamente attraverso norme legislative formalmente adottate, prevenendo così arbitrarie manipolazioni fiscali. Il principio di capacità contributiva stabilisce che le tasse dovrebbero essere proporzionate alla situazione finanziaria di ciascun individuo o azienda, garantendo che coloro che hanno maggiori mezzi contribuiscono in modo adeguato rispetto a quelli con minori risorse.

Inoltre, il principio di uguaglianza richiede che i contribuenti che si trovano in circostanze simili siano soggetti a un trattamento paritario nell'ambito fiscale, evitando disparità ingiustificate. Questi principi non solo stabiliscono la base etica della tassazione, ma anche un quadro giuridico solido che contribuisce a mantenere la fiducia dei cittadini nell'equità del sistema fiscale.

In definitiva, il diritto tributario è un pilastro fondamentale dell'ordinamento giuridico di uno Stato moderno. La sua corretta applicazione non solo favorisce l'equità e la giustizia sociale, ma è indispensabile per sostenere la fornitura continua di servizi pubblici di qualità, promuovere lo sviluppo economico e garantire una base finanziaria stabile per il funzionamento dello Stato nel suo complesso.

Sezione 2: Principi Fondamentali del Diritto Tributario

Principio di Legalità: Il cuore del diritto tributario risiede nel principio di legalità, che rappresenta una garanzia fondamentale per i cittadini contro l'arbitrarietà e l'abuso di potere nell'imposizione delle tasse. Conformemente a questo principio, le tasse possono essere istituite, modificate o eliminate solo attraverso leggi formali, emanate dal parlamento o da un'autorità competente. Questo processo trasparente assicura che i cittadini siano pienamente consapevoli delle loro obbligazioni fiscali e che le tasse non vengano imposte a discrezione delle autorità.

Principio di Capacità Contributiva: Un altro pilastro del diritto tributario è il principio di capacità contributiva. Questo principio riconosce che ciascun individuo o entità ha una diversa capacità economica e finanziaria. Pertanto, le tasse dovrebbero essere calcolate in base a questa capacità, in modo che chi ha maggiori risorse contribuisca con un importo maggiore rispetto a chi ha meno mezzi. Questo non solo favorisce un approccio equo alla tassazione, ma aiuta anche a distribuire l'onere fiscale in modo proporzionato.

Principio di Non-Retroattività: Il principio di non-retroattività sottolinea che le nuove leggi tributarie non possono essere applicate a eventi o situazioni che si sono verificati prima della loro entrata in vigore. Questo principio protegge la certezza giuridica e la stabilità delle aspettative dei contribuenti, impedendo cambiamenti retroattivi che potrebbero causare incertezza e turbamento.

Principio di Uguaglianza: Nel contesto fiscale, il principio di uguaglianza richiede che i contribuenti in situazioni simili siano trattati allo stesso modo. Questo principio previene discriminazioni ingiustificate e assicura che le tasse siano applicate in modo uniforme a individui o entità con circostanze simili. La parità di trattamento favorisce un sistema fiscale equo e previene situazioni di privilegio o disparità ingiustificate.

Principio di Irretroattività: Parallelamente al principio di non-retroattività, il principio di irretroattività stabilisce che le leggi tributarie non possono essere applicate in modo retroattivo, cioè a eventi o situazioni verificatesi prima dell'entrata in vigore delle leggi stesse. Questo principio protegge la stabilità e la certezza delle situazioni fiscali passate, evitando cambiamenti che potrebbero creare confusione e ingiustizie.

Sezione 3: Tipi di Tassazione

Tassazione Diretta: Uno dei pilastri dell'imposizione fiscale, la tassazione diretta, rappresenta un'articolazione essenziale del sistema tributario. Questo approccio mira a gravare direttamente sul reddito o sulla ricchezza dei contribuenti, basandosi sulla loro capacità economica individuale. Un esempio lampante è l'Imposta sul Reddito delle Persone Fisiche (IRPEF), che calcola l'importo delle tasse in relazione ai redditi generati da ciascun individuo. Questo tipo di tassazione riflette l'idea di equità, in cui coloro che dispongono di risorse finanziarie più ampie contribuiscono con una quota maggiore al finanziamento delle attività statali e dei servizi pubblici. Comprendere l'importanza e le sfumature della tassazione diretta può spingere verso una maggiore consapevolezza sulla distribuzione delle risorse e sulla costruzione di un sistema fiscale progressivo.

Tassazione Indiretta: In contrasto con la tassazione diretta, la tassazione indiretta incide sugli acquisti di beni e servizi piuttosto che direttamente sui redditi. L'esempio più noto di tassazione indiretta è l'Imposta sul Valore Aggiunto (IVA), che viene applicata in vari stadi della catena di produzione e distribuzione di un prodotto o servizio. Questo tipo di imposizione si basa sulla spesa effettuata dai consumatori e può avere un impatto proporzionalmente maggiore sui redditi più bassi. Tuttavia, è fondamentale riconoscere che la tassazione indiretta può influire sulla spesa dei consumatori e può presentare sfide di equità. Comprendere i meccanismi e gli effetti della tassazione indiretta è cruciale per valutare le implicazioni economiche e sociali di questo approccio fiscale.

Sezione 4: Dichiarazione dei Redditi e Obblighi dei Contribuenti

Obbligo di Dichiarazione: Nel contesto del diritto tributario, l'obbligo di dichiarazione è un passaggio cruciale per garantire una raccolta accurata delle imposte e la trasparenza nelle finanze dei cittadini. I contribuenti sono tenuti a presentare dichiarazioni complete e accurate dei loro redditi, patrimoni e altre informazioni finanziarie rilevanti alle autorità fiscali. Questo processo fornisce alle agenzie fiscali dati essenziali per calcolare l'importo delle tasse dovute da ciascun contribuente. La precisione e l'integrità delle dichiarazioni sono fondamentali per evitare discrepanze e irregolarità che potrebbero portare a sanzioni o multe. Comprendere l'importanza dell'obbligo di dichiarazione può motivare una partecipazione consapevole nel fornire informazioni accurate e nel rispettare le scadenze stabilite.

Agenzie Fiscali: Le agenzie fiscali, come l'Agenzia delle Entrate in Italia, sono organismi governativi incaricati della gestione e dell'applicazione delle leggi fiscali. Queste agenzie svolgono un ruolo essenziale nel raccogliere le entrate statali attraverso la riscossione delle imposte e nel garantire che i cittadini rispettino le norme tributarie. Oltre alla riscossione delle imposte, le agenzie fiscali svolgono attività di controllo e verifica per accertarsi che le dichiarazioni presentate siano accurate e conformi alle leggi. Questo processo di controllo può coinvolgere audit, ispezioni e richieste di documentazione comprovante le informazioni dichiarate. Comprendere il ruolo delle agenzie fiscali può favorire una collaborazione positiva con le autorità fiscali, garantendo una gestione corretta delle proprie obbligazioni fiscali e evitando possibili conseguenze legali.

Sezione 5: Controlli e Sanzioni

Controlli Fiscali: Un aspetto cruciale dell'applicazione del diritto tributario è la possibilità di effettuare controlli fiscali al fine di garantire la conformità alle norme e l'accuratezza delle dichiarazioni dei contribuenti. Le agenzie fiscali hanno il compito di svolgere controlli per verificare se le informazioni fornite dai contribuenti riflettano correttamente la loro situazione finanziaria. Questi controlli possono avvenire attraverso audit, ispezioni e richieste di documenti di supporto. Ad esempio, se un contribuente dichiara delle spese deducibili, le agenzie possono richiedere documentazione come ricevute o fatture per verificare l'effettiva avvenuta transazione. Questi controlli non solo contribuiscono a garantire l'accuratezza delle dichiarazioni, ma anche a prevenire l'evasione fiscale e a mantenere la giustizia fiscale nel sistema.

Sanzioni Fiscali: Le violazioni delle leggi fiscali possono avere conseguenze serie sotto forma di sanzioni o multe. Le sanzioni sono introdotte per disincentivare comportamenti scorretti e per garantire che i contribuenti rispettino le norme tributarie. Le sanzioni possono variare in base alla gravità dell'infrazione e possono includere multe pecuniarie, interessi sui pagamenti ritardati e sanzioni amministrative. In casi più gravi, quando si verificano violazioni significative e deliberate, possono essere intrapresi procedimenti penali. Ad esempio, se un contribuente non dichiara correttamente il reddito da lavoro autonomo, potrebbe essere soggetto a una sanzione finanziaria proporzionale all'importo evaso. La conoscenza delle sanzioni fiscali non solo promuove la conformità, ma sottolinea l'importanza del rispetto delle norme e delle leggi per evitare conseguenze finanziarie e legali.

Sezione 6: Evasione ed Elusione Fiscale

Evasione Fiscale: L'evasione fiscale rappresenta un grave problema che mina l'integrità del sistema fiscale. Si verifica quando i contribuenti cercano deliberatamente di sottrarsi al pagamento delle tasse attraverso azioni illegali e non dichiarando completamente i loro redditi o asset finanziari. Un esempio concreto di evasione fiscale potrebbe essere un imprenditore che nasconde parte dei ricavi dell'azienda in contabilità parallele per evitare di pagarne le tasse. Questa pratica illegale danneggia la capacità dello Stato di raccogliere le risorse necessarie per fornire servizi pubblici e alimenta un senso di ingiustizia tra coloro che rispettano le leggi fiscali. Comprendere l'evasione fiscale può sensibilizzare sulla necessità di un rigoroso controllo e di sanzioni adeguate per prevenire comportamenti illeciti.

Elusione Fiscale: A differenza dell'evasione, l'elusione fiscale implica l'uso legale di strategie per ridurre le tasse, rispettando la lettera della legge. Mentre l'elusione può essere eticamente discussa, è importante riconoscere che non viola le norme legali. Un esempio di elusione fiscale potrebbe essere un investitore che utilizza opportunità di deduzioni fiscali consentite per ridurre il suo reddito imponibile. Queste strategie possono essere complesse e sfruttare dettagli tecnici delle leggi tributarie, ma sono legali. L'elusione fiscale solleva spesso dibattiti sulla giustizia e sull'equità fiscale, poiché può comportare che individui con maggiori risorse finanziarie abbiano un vantaggio fiscale rispetto ad altri. Comprendere la distinzione tra evasione ed elusione fiscale può incoraggiare una riflessione più profonda sulla necessità di regole fiscali chiare e di una base etica nel rispetto delle leggi.

Sezione 7: Deducibilità e Detraibilità

Deducibilità: La deducibilità è un aspetto chiave delle norme fiscali che consente ai contribuenti di sottrarre alcune spese legittime dal loro reddito imponibile, riducendo così l'ammontare totale su cui vengono calcolate le tasse. Queste spese deducibili rappresentano spese che sono considerate necessarie per l'attività professionale o per la produzione di reddito. Ad esempio, un libero professionista potrebbe essere autorizzato a dedurre le spese per l'affitto del suo ufficio, le spese di formazione professionale e le spese di viaggio correlate al lavoro. In questo caso, le spese deducibili riducono il reddito complessivo soggetto a tassazione, consentendo al contribuente di pagare meno imposte sul reddito. La deducibilità può incentivare gli investimenti nelle proprie attività professionali e promuovere l'innovazione, beneficiando sia i contribuenti che l'economia nel suo insieme.

Detraibilità: La detraibilità è un concetto simile alla deducibilità, ma anziché ridurre il reddito imponibile, permette ai contribuenti di sottrarre direttamente l'importo delle spese dal totale delle tasse dovute. In altre parole, le spese detraibili riducono l'importo finale delle tasse da pagare. Ad esempio, se un contribuente ha diritto a una detrazione fiscale di 500 euro per le spese mediche sostenute durante l'anno, questa detrazione verrà sottratta direttamente dall'importo totale delle tasse dovute. Se l'importo totale delle tasse dovute fosse di 2000 euro, la detrazione ridurrebbe il pagamento effettivo delle tasse a 1500 euro. La detraibilità è spesso utilizzata per promuovere determinati comportamenti socialmente desiderabili, come le spese per l'istruzione, la salute o l'energia sostenibile, premiando i contribuenti che partecipano a tali iniziative.

Sezione 8: Procedure di Contenzioso Fiscale

Ricorso: Nel diritto tributario, il ricorso è uno strumento cruciale che offre ai contribuenti la possibilità di contestare e appellare decisioni fiscali che ritengono ingiuste o errate. Questo meccanismo assicura che i contribuenti abbiano un'opportunità per far valere i loro diritti e ottenere una revisione imparziale delle decisioni prese dalle autorità fiscali. Ad esempio, se un contribuente ritiene che l'importo delle tasse calcolato sia errato o che determinate spese non siano state prese in considerazione, può presentare un ricorso per chiedere una revisione. Questo processo di ricorso può coinvolgere prove documentali, testimonianze e argomentazioni legali. Il ricorso è fondamentale per garantire la trasparenza e la giustizia nel sistema fiscale, offrendo ai contribuenti la possibilità di essere ascoltati e di far valere le proprie ragioni.

Commissioni Tributarie: Le commissioni tributarie sono organismi indipendenti creati per valutare le controversie fiscali tra i contribuenti e le autorità fiscali. Queste commissioni agiscono come terze parti neutrali che esaminano i casi e prendono decisioni imparziali. Le commissioni tributarie spesso includono esperti legali e contabili che valutano le prove e le argomentazioni presentate dai contribuenti e dalle autorità fiscali. Ad esempio, se un contribuente non è d'accordo con il risultato di un'ispezione fiscale condotta dalle autorità fiscali, può presentare il suo caso davanti a una commissione tributaria. Quest'ultima esaminerà i fatti, le leggi e le evidenze e prenderà una decisione indipendente. Le commissioni tributarie giocano un ruolo chiave nell'assicurare una revisione obiettiva delle controversie fiscali, contribuendo a mantenere l'integrità e la fiducia nel sistema.

Sezione 9: Ruolo dell'Agenzia delle Entrate

Riscossione: La riscossione è una delle fasi cruciali nell'applicazione del diritto tributario, coinvolgendo la raccolta delle imposte dai contribuenti e l'applicazione delle leggi fiscali stabilite dal governo. In Italia, questo ruolo è affidato principalmente all'Agenzia delle Entrate. L'Agenzia delle Entrate raccoglie le entrate statali provenienti dalle tasse e assicura che i contribuenti rispettino le scadenze per i pagamenti fiscali. Ad esempio, se un individuo ha un'obbligazione fiscale dovuta per l'IRPEF, l'Agenzia delle Entrate emetterà avvisi di pagamento e fornirà istruzioni per effettuare il versamento. Questo processo di riscossione è essenziale per finanziare i servizi pubblici e le attività governative, garantendo il funzionamento dello Stato. Comprendere il ruolo della riscossione tributaria può aiutare a percepire l'importanza del pagamento tempestivo delle tasse e del contributo individuale al benessere collettivo.

Assistenza: L'assistenza fornita dalle autorità fiscali è un elemento cruciale per garantire che i contribuenti comprendano le leggi e le regole fiscali e siano in grado di adempiere alle loro obbligazioni tributarie in modo corretto. L'Agenzia delle Entrate offre supporto ai contribuenti attraverso servizi di consulenza e chiarimenti. Ad esempio, se un contribuente ha domande sulle deduzioni fiscali alle quali ha diritto, può contattare l'Agenzia per ottenere informazioni chiare e precise. Questo supporto aiuta i contribuenti a evitare errori e incomprensioni nelle dichiarazioni fiscali, contribuendo a una gestione accurata delle tasse. Inoltre, l'assistenza svolge un ruolo chiave nell'educare i contribuenti sulle opportunità e le responsabilità fiscali, promuovendo una cittadinanza informata e consapevole.

4

QUESITI DI DIRITTO TRIBUTARIO

1-Qual e principio stabilisce che le imposte devono essere pro-porzionali alle capacità contributive dei cittadini?
  a) Principio di legalità
  b) Principio di progressività
  c) Principio di capacità contributiva
  d) Principio di uguaglianza

2-Qual è l'agenzia governativa responsabile della riscossione delle imposte in Italia?
  a) Agenzia delle Entrate
  b) Agenzia delle Imposte
  c) Agenzia Fiscale Italiana
  d) Agenzia di Riscossione

3-In quale categoria rientra l'IVA?
  a) Imposta diretta
  b) Imposta indiretta
  c) Imposta patrimoniale

d) Imposta progressiva

4-Chi è responsabile del pagamento dell'IVA?

a) L'azienda che produce beni o offre servizi
b) Il consumatore finale
c) Il governo
d) L'Agenzia delle Entrate

5-Cos'è l'evasione fiscale?

a) Il pagamento delle tasse in ritardo
b) La dichiarazione accurata dei redditi
c) L'omissione dolosa del pagamento delle tasse
d) L'elusione fiscale legale

6-In quale categoria rientra l'IRPEF (Imposta sul Reddito delle Persone Fisiche)?

a) Imposta diretta
b) Imposta indiretta
c) Imposta progressiva
d) Imposta patrimoniale

7-Quale principio stabilisce che i cittadini devono pagare le tasse in base ai loro mezzi finanziari?

a) Principio di capacità contributiva
b) Principio di uguaglianza
c) Principio di legalità
d) Principio di solidarietà

8-Qual è l'obbligo fondamentale del contribuente nei confronti dell'amministrazione fiscale?

a) Pagare le tasse in ritardo

b) Presentare la dichiarazione dei redditi

c) Chiedere l'esonero fiscale

d) Investire in beni patrimoniali

9-Cos'è l'elusione fiscale?

a) Il pagamento delle tasse in ritardo

b) L'omissione dolosa del pagamento delle tasse

c) L'uso legale di strategie per ridurre l'imposta dovuta

d) L'omissione accidentale del pagamento delle tasse

10-Qual è l'aliquota standard dell'IVA in Italia?

a) 18%

b) 20%

c) 22%

d) 24%

11-In base a quale criterio vengono suddivisi i redditi in diverse fasce di tassazione nell'IRPEF?

a) Fasce di età dei contribuenti

b) Settori di attività economica

c) Fasce di reddito

d) Numero di dipendenti dell'azienda

12-Cos'è l'addizionale regionale IRPEF?

a) Un'imposta locale sulla proprietà

b) Un'ulteriore tassa sul reddito a favore della regione

c) Un contributo per l'assistenza sanitaria

d) Un tributo sulla vendita di beni di lusso

13-Qual è lo strumento che consente alle imprese di ridurre l'imposta da pagare in base alle spese sostenute?

a) Deducibilità fiscale

b) Detrazione fiscale

c) Esenzione fiscale

d) Sovrapposizione fiscale

14 - Cos'è il principio di legalità in materia fiscale?

a) I cittadini sono tenuti a rispettare le leggi fiscali

b) L'amministrazione fiscale può introdurre nuove tasse senza autorizzazione legislativa

c) I cittadini possono scegliere di pagare o meno le tasse

d) Le leggi fiscali possono essere cambiate solo dai tribunali

15 - Qual è il termine entro il quale i contribuenti devono presentare la dichiarazione dei redditi in Italia?

a) 31 marzo

b) 30 aprile

c) 30 giugno

d) 31 dicembre

16 - Quale organo ha il compito di giudicare in merito alle controversie tra i contribuenti e l'amministrazione fiscale?

a) Corte Costituzionale

b) Corte di Cassazione

c) Corte dei Conti

d) Commissione Tributaria

17 - Cos'è il ravvedimento operoso?

a) Una tassa speciale sul commercio

b) Un rimborso fiscale

c) La possibilità per il contribuente di regolarizzare la propria posizione versando una sanzione ridotta

d) Un'agevolazione per le imprese agricole

18-Qual è l'obbligo principale del sostituto d'imposta?

a) Pagare l'IVA al consumatore finale
b) Riscuotere l'imposta direttamente dal contribuente
c) Presentare la dichiarazione dei redditi
d) Pagare l'IRAP

19-Qual è l'aliquota dell'IRAP (Imposta Regionale sulle Attività Produttive) in Italia?

a) 2%
b) 3%
c) 4%
d) 5%

20-Cos'è la doppia imposizione economica?

a) L'imposizione fiscale su due redditi diversi dello stesso contribuente
b) L'imposizione fiscale su beni di lusso
c) L'imposizione fiscale su più consumatori per lo stesso prodotto
d) L'imposizione fiscale su un reddito da fonte estera

21-Qual è l'obbligo del datore di lavoro in materia fiscale?

a) Pagare l'IVA
b) Riscuotere l'IRPEF dai dipendenti
c) Dichiarare i propri redditi personali
d) Investire in progetti di sviluppo economico

22-Cos'è il principio di capacità contributiva?

a) L'obbligo di pagare le tasse solo se si supera una certa soglia di reddito

b) L'obbligo di contribuire alle spese pubbliche in proporzione alle proprie possibilità economiche

c) L'obbligo di versare una tassa forfettaria

d) L'obbligo di pagare le tasse in base al reddito dei genitori

23-Qual è l'aliquota dell'IVA ridotta in Italia per beni di prima necessità?

a) 10%

b) 15%

c) 20%

d) 25%

24-Cosa si intende per "residenza fiscale" di un individuo?

a) L'indirizzo postale dell'individuo

b) Il paese in cui è nato l'individuo

c) Il paese in cui l'individuo ha il suo domicilio fiscale

d) Il paese in cui l'individuo ha il suo conto bancario principale

25-Qual è l'obbligo del contribuente in merito alla fatturazione elettronica?

a) Inviare le fatture solo in formato cartaceo

b) Conservare le fatture cartacee per 10 anni

c) Inviare le fatture solo tramite posta elettronica

d) Inviare e conservare le fatture in formato elettronico

26-Cos'è il reddito imponibile?

a) Il reddito totale del contribuente

b) Il reddito su cui si calcola l'imposta da pagare

c) Il reddito che non è tassabile

d) Il reddito che deve essere dichiarato all'estero

27-Qual è l'obbligo del contribuente in merito alla conservazione delle ricevute fiscali?

a) Conservarle per 1 anno

b) Conservarle per 3 anni

c) Conservarle per 5 anni

d) Conservarle per 10 anni

28-Cos'è il "contenzioso tributario"?

a) Un'indagine fiscale

b) Una controversia legale tra contribuenti

c) Una procedura per l'ottenimento di sgravi fiscali

d) Una procedura di rimborso fiscale

29-Qual è la principale differenza tra evasione e elusione fiscale?

a) L'evasione riguarda l'omissione accidentale del pagamento delle tasse, mentre l'elusione riguarda l'omissione dolosa

b) L'evasione è legale, mentre l'elusione è illegale

c) L'evasione riguarda il pagamento delle tasse in ritardo, mentre l'elusione riguarda l'uso legale di strategie per ridurre l'imposta dovuta

d) L'evasione riguarda il pagamento delle tasse da parte delle imprese, mentre l'elusione riguarda i cittadini privati

30- Cos'è l'IVA deducibile?

a) L'IVA che viene restituita al consumatore

b) L'IVA che l'azienda deve pagare

c) L'IVA che può essere detratta dalla tassa dovuta dall'azienda

d) L'IVA che non è soggetta a detrazione

31-Quale organo ha il compito di valutare la costituzionalità delle

leggi fiscali in Italia?
a) Corte di Giustizia dell'Unione Europea
b) Corte di Cassazione
c) Corte Costituzionale
d) Corte dei Conti

32-Qual è il termine entro il quale i lavoratori autonomi devono effettuare il versamento delle imposte?
a) Entro il 30 giugno
b) Entro il 30 settembre
c) Entro il 31 dicembre
d) Entro il 31 marzo

33-Cos'è il Codice Tributo?
a) Il codice fiscale del contribuente
b) Il codice identificativo dell'azienda
c) Il codice che identifica l'imposta da pagare
d) Il codice di identificazione personale del commercialista

34-Qual è l'obbligo del contribuente in merito all'ISEE (Indicatore della Situazione Economica Equivalente)?
a) Calcolare l'ISEE per sé stesso
b) Presentare l'ISEE alle autorità fiscali
c) Presentare l'ISEE solo quando richiesto
d) Presentare l'ISEE al datore di lavoro

35-Cos'è l'IVA invertita?
a) Un meccanismo attraverso il quale il consumatore paga l'IVA direttamente all'azienda
b) Un'IVA particolarmente elevata
c) Un'IVA ridotta

d) Un'IVA da pagare solo in caso di utilizzo di beni di lusso

36-Qual è l'obbligo del sostituto d'imposta in merito al TFR (Trattamento di Fine Rapporto)?
a) Versare l'IVA al consumatore finale
b) Riscuotere il TFR dal datore di lavoro
c) Presentare la dichiarazione dei redditi
d) Riscuotere l'IRPEF dal dipendente

37-Cos'è la clausola di non discriminazione nel diritto tributario europeo?
a) Una clausola che impone una tassa solo alle imprese straniere
b) Una clausola che vieta discriminazioni tra contribuenti residenti e non residenti
c) Una clausola che impone tasse più alte alle imprese europee
d) Una clausola che vieta la deduzione dell'IVA

38-Qual è l'obbligo dell'azienda in merito al cedolare secca?
a) Versare l'IVA
b) Applicare un'aliquota di tassazione fissa
c) Presentare la dichiarazione dei redditi
d) Chiedere l'esonero fiscale

39-Cos'è il "principio di territorialità" nell'imposizione fiscale?
a) L'obbligo di pagare le tasse solo se si risiede in un determinato territorio
b) L'obbligo di pagare le tasse solo se si possiedono beni immobili
c) L'obbligo di pagare le tasse solo se si è cittadini del paese
d) L'obbligo di pagare le tasse solo sugli introiti provenienti

dal territorio nazionale

40-Qual è il termine entro il quale devono essere presentate le dichiarazioni dei redditi per le società di capitali in Italia?
a) 31 marzo
b) 30 aprile
c) 31 luglio
d) 30 settembre

41-Cos'è il principio di non discriminazione in materia fiscale?
a) Il principio per cui tutte le imposte devono essere uguali
b) Il principio per cui le imposte devono essere diverse per ciascun contribuente
c) Il principio per cui le imposte devono essere basate sul reddito
d) Il principio per cui le imposte non devono discriminare tra categorie di contribuenti

42-Qual è il termine entro il quale devono essere presentate le dichiarazioni dei redditi per i lavoratori dipendenti in Italia?
a) 31 marzo
b) 30 aprile
c) 31 luglio
d) 30 settembre

43-Cos'è l'Accertamento con Adesione?
a) Una procedura per richiedere la detrazione fiscale
b) Una procedura per impugnare le decisioni dell'amminis-trazione fiscale
c) Una procedura volontaria di accettazione dell'accerta-mento proposto dall'amministrazione fiscale

d) Una procedura per ottenere il rimborso di tasse illegittima-
mente pagate

**44-Qual è il termine entro il quale il contribuente può presentare
un reclamo in caso di disaccordo con un avviso di accertamento?**
   a) 30 giorni dalla ricezione dell'avviso
   b) 60 giorni dalla ricezione dell'avviso
   c) 90 giorni dalla ricezione dell'avviso
   d) 120 giorni dalla ricezione dell'avviso

45-Cos'è l'imposta di bollo?
   a) Un'imposta sul reddito delle persone fisiche
   b) Un'imposta locale sulla proprietà
   c) Un'imposta sulla transazione di beni e servizi
   d) Un'imposta sulle operazioni finanziarie

**46-Qual è l'obbligo del contribuente in merito alla fatturazione
elettronica nei confronti della Pubblica Amministrazione?**
   a) Inviare le fatture solo in formato cartaceo
   b) Inviare le fatture solo tramite posta elettronica
   c) Inviare le fatture solo tramite servizi di posta privati
   d) Inviare le fatture in formato elettronico tramite il Sistema
di Interscambio (SDI)

47-Cos'è l'obbligo di "esterometro" in Italia?
   a) Un'obbligo di presentare la dichiarazione dei redditi in
forma estera
   b) Un'obbligo di dichiarare le operazioni con paesi esteri
   c) Un'obbligo di pagare le tasse solo in valuta estera
   d) Un'obbligo di dichiarare solo le operazioni intracomuni-
tarie

48-Qual è l'aliquota dell'IRPEF massima in Italia?
a) 20%
b) 30%
c) 40%
d) 45%

49-Cos'è il principio di uguaglianza in materia fiscale?
a) Il principio per cui le tasse devono essere uguali per tutti
b) Il principio per cui le tasse devono essere diverse per ciascun contribuente
c) Il principio per cui le tasse devono essere basate sul reddito
d) Il principio per cui le tasse devono essere uguali solo per i cittadini del paese

50-Qual è l'obbligo del contribuente in merito all'ottenimento del codice PIN dell'Agenzia delle Entrate?
a) Chiedere l'esonero fiscale
b) Dichiarare i redditi personali
c) Presentare la dichiarazione dei redditi
d) Richiedere il codice PIN per accedere ai servizi online dell'Agenzia delle Entrate

51-Qual è l'obbligo del contribuente in merito alla dichiarazione dei redditi?
a) Conservarla per 5 anni
b) Presentarla solo se richiesta
c) Presentarla entro il 31 marzo di ogni anno
d) Presentarla solo se si è lavoratori autonomi

52-Cos'è il "Principio di Residenza" nel diritto tributario?
a) Il principio per cui tutti i cittadini devono risiedere nello

stesso luogo

b) Il principio che stabilisce che i cittadini debbano pagare le tasse nel loro paese di origine

c) Il principio che stabilisce che i cittadini debbano pagare le tasse nel paese in cui risiedono abitualmente

d) Il principio che stabilisce che solo i cittadini stranieri debbano pagare le tasse

53-Cos'è l'IVA intracomunitaria?

a) L'IVA che viene pagata dai cittadini del proprio paese

b) L'IVA che viene pagata solo per i beni importati da paesi extra-UE

c) L'IVA applicata alle operazioni tra paesi dell'Unione Europea

d) L'IVA applicata alle transazioni all'interno di un singolo paese

54-Cosa rappresenta il "reddito complessivo" di una persona fisica?

a) Il totale dei redditi percepiti da un'impresa

b) Il totale dei redditi percepiti da un individuo

c) Il reddito imponibile soggetto a imposta

d) Il reddito derivante solo dal lavoro dipendente

55-Quale organo si occupa della riscossione coattiva delle imposte in Italia?

a) Agenzia delle Entrate

b) Guardia di Finanza

c) Ministero dell'Economia e delle Finanze

d) Agenzia delle Dogane

56-Cos'è il "Principio di Legalità" nel diritto tributario?

a) Il principio per cui le leggi fiscali devono essere comprensibili da tutti

b) Il principio per cui le leggi fiscali devono essere cambiate frequentemente

c) Il principio per cui solo i cittadini con formazione legale possono pagare le tasse

d) Il principio che stabilisce che solo le leggi emanate dal Parlamento possono introdurre nuove imposte

57-Quale istituzione governativa emette il "Modello F24" per il pagamento delle imposte in Italia?

a) Agenzia delle Entrate

b) Ministero dell'Economia e delle Finanze

c) Banca d'Italia

d) Guardia di Finanza

58-Cos'è l'IVA esente?

a) Un'IVA ridotta per determinati beni e servizi

b) Un'IVA che non viene pagata per le transazioni all'interno dell'Unione Europea

c) Un'IVA che non deve essere versata all'amministrazione fiscale

d) Un'IVA che non viene applicata su alcuni beni e servizi specifici

59-Qual è l'obbligo del datore di lavoro in merito all'IRPEF dei dipendenti?

a) Versare l'IRPEF direttamente all'INPS

b) Riscuotere l'IRPEF dal dipendente e versarla all'amministrazione fiscale

c) Calcolare l'IRPEF e conservarla per 10 anni

d) Richiedere all'INPS il rimborso dell'IRPEF versata dai dipendenti

60-Cos'è il "Principio di Proporzionalità" nel diritto tributario?

a) Il principio per cui le tasse devono essere uguali per tutti

b) Il principio per cui le tasse devono essere basate sul reddito del contribuente

c) Il principio per cui le tasse devono essere aumentate ogni anno

d) Il principio per cui le tasse devono essere basate sulla nazionalità del contribuente

61-Qual è l'obbligo del contribuente in merito alla comunicazione delle variazioni al catasto dei fabbricati?

a) Comunicarle all'INPS entro 30 giorni

b) Comunicarle all'ENAC entro 30 giorni

c) Comunicarle all'Agenzia delle Entrate entro 30 giorni

d) Comunicarle all'INAIL entro 30 giorni

62-Cos'è l'Accertamento d'Ufficio?

a) Una procedura per la detrazione delle spese mediche

b) Una procedura per ottenere agevolazioni fiscali

c) Una procedura attraverso cui il contribuente accetta l'accertamento proposto dall'amministrazione fiscale

d) Una procedura in cui l'amministrazione fiscale determina l'imposta dovuta in assenza di dichiarazione da parte del contribuente

63-Quale organo è competente per l'appello contro una decisione dell'Amministrazione finanziaria?

a) Corte di Cassazione
b) Corte dei Conti
c) Commissione Tributaria Provinciale
d) Corte di Giustizia dell'Unione Europea

64-Cos'è l'imposta patrimoniale?

a) Un'imposta sul reddito delle persone fisiche
b) Un'imposta sulle transazioni finanziarie
c) Un'imposta sul patrimonio netto di un contribuente
d) Un'imposta sulle donazioni e successioni

65-Cos'è l'obbligo di "cashback" in Italia?

a) L'obbligo di pagare in contanti le transazioni superiori a una certa cifra
b) L'obbligo di pagare le tasse in contanti
c) L'obbligo di utilizzare pagamenti digitali per ottenere rimborsi
d) L'obbligo di pagare le spese sanitarie in contanti

66-Cosa rappresenta l'addizionale comunale IRPEF?

a) Un'imposta aggiuntiva sulle transazioni immobiliari
b) Un'imposta che finanzia le spese comunali
c) Un'imposta aggiuntiva sulle transazioni finanziarie
d) Un'imposta sulle attività industriali e commerciali

67-Quale organismo si occupa della tutela del contribuente in caso di controversie fiscali?

a) Agenzia delle Entrate
b) Guardia di Finanza
c) Associazione Italiana Tributaristi
d) Organismo di Controllo Tributario

68-Cos'è l'obbligo di "conto corrente fiscale"?

a) Un obbligo di aprire un conto corrente presso una banca specifica per pagare le tasse

b) Un obbligo di dichiarare i movimenti finanziari al fisco

c) Un obbligo di pagare le tasse solo tramite bonifico bancario

d) Un obbligo di aprire un conto corrente solo per fini fiscali

69-Quale istituzione emette l'attestazione di regolarità fiscale?

a) INAIL

b) INPS

c) INPDAP

d) Agenzia delle Entrate

70-Cos'è il "Principio di Progressività" nel diritto tributario?

a) Il principio che stabilisce che le tasse devono aumentare ogni anno

b) Il principio che stabilisce che le tasse devono essere uguali per tutti

c) Il principio che stabilisce che le tasse devono aumentare in base al reddito del contribuente

d) Il principio che stabilisce che solo le aziende in crescita devono pagare più tasse

71-Qual è l'obbligo del contribuente in merito alle spese mediche nel contesto fiscale?

a) Dichiararle solo se superano una certa cifra

b) Dichiararle solo se effettuate all'estero

c) Dichiararle solo se riguardano interventi chirurgici

d) Dichiararle correttamente nell'apposita sezione della dichiarazione dei redditi

72-Cos'è il "Principio di Efficienza" nel diritto tributario?

a) Il principio per cui le tasse devono essere semplici da calcolare

b) Il principio per cui le tasse devono finanziare il bilancio dello Stato

c) Il principio per cui le tasse devono essere basate sulle preferenze individuali

d) Il principio per cui le tasse devono essere pagate solo tramite sistemi elettronici

73-Cosa rappresenta l'addizionale regionale all'IRPEF?

a) Un'imposta sul reddito delle persone fisiche

b) Un'imposta aggiuntiva sulle transazioni finanziarie

c) Un'imposta che finanzia le spese regionali

d) Un'imposta sul valore aggiunto

74-Cos'è il "Principio di Equità" nel diritto tributario?

a) Il principio che stabilisce che solo i cittadini con reddito elevato debbano pagare le tasse

b) Il principio che stabilisce che le tasse devono essere diverse per ciascun contribuente

c) Il principio che stabilisce che le tasse devono essere uguali per tutti

d) Il principio che stabilisce che le tasse devono essere pagate solo dagli stranieri

75-Quale istituzione gestisce il servizio di registrazione contratti di affitto?

a) Agenzia delle Entrate

b) INPS

c) Banca d'Italia

d) Corte di Cassazione

76-Cos'è il "Principio di Neutralità" nel diritto tributario?
a) Il principio per cui le tasse devono essere neutre in termini di reddito
b) Il principio per cui le tasse devono essere uguali per tutti
c) Il principio per cui le tasse devono essere neutre in termini di effetti economici
d) Il principio per cui le tasse devono essere neutrali in termini di nazionalità

77-Qual è l'aliquota massima dell'IRAP in Italia?
a) 10%
b) 20%
c) 30%
d) 40%

78-Cos'è la "Tassa di Successione"?
a) Un'imposta sulle donazioni di beni
b) Un'imposta sul reddito delle persone fisiche
c) Un'imposta sul trasferimento di beni da un defunto ai suoi eredi
d) Un'imposta sulle transazioni finanziarie

79-Quale organo giurisdizionale si occupa delle controversie tra contribuenti e Amministrazione finanziaria di importo inferiore a 50.000 euro?
a) Corte di Giustizia dell'Unione Europea
b) Corte dei Conti
c) Commissione Tributaria Provinciale
d) Corte di Cassazione

80-Cos'è l'obbligo di "reverse charge"?

a) Un obbligo di pagare le tasse in contanti

b) Un obbligo di pagare solo con moneta straniera

c) Un obbligo di pagare l'IVA direttamente all'azienda anziché all'amministrazione fiscale

d) Un obbligo di pagare l'IVA solo in contanti

81-Qual è l'obbligo del datore di lavoro in merito alla ritenuta d'acconto?

a) Versarla al dipendente come bonus

b) Versarla all'INPS come contribuzione pensionistica

c) Riscuoterla dal dipendente e versarla all'amministrazione fiscale

d) Conservarla per 2 anni

82-Cos'è il "Principio di Equità Verticale" nel diritto tributario?

a) Il principio che stabilisce che le tasse devono essere diverse per ciascun contribuente

b) Il principio che stabilisce che le tasse devono essere uguali per tutti

c) Il principio che stabilisce che le tasse devono aumentare in base al reddito del contribuente

d) Il principio che stabilisce che le tasse devono aumentare solo per le aziende di successo

83-Quale istituzione gestisce il servizio "Fatture e Corrispettivi"?

a) Banca d'Italia

b) Agenzia delle Entrate

c) Guardia di Finanza

d) INPS

84-Cos'è l'imposta di registro?

a) Un'imposta sul reddito delle persone fisiche

b) Un'imposta sulle transazioni finanziarie

c) Un'imposta sulle donazioni e successioni

d) Un'imposta sulle transazioni immobiliari

85-Quale organo si occupa della gestione delle pensioni in Italia?

a) Agenzia delle Entrate

b) INPS

c) Banca d'Italia

d) Guardia di Finanza

86-Cos'è l'obbligo del "Principio di Dichiarazione" nel diritto tributario?

a) L'obbligo di presentare la dichiarazione dei redditi entro una certa data

b) L'obbligo di dichiarare solo i redditi da lavoro autonomo

c) L'obbligo di dichiarare solo i redditi da lavoro dipendente

d) L'obbligo di dichiarare solo i redditi da investimenti finanziari

87-Qual è l'obbligo del contribuente in merito alla dichiarazione dei redditi dei figli a carico?

a) Dichiarare solo se superano una certa età

b) Dichiarare solo se lavorano

c) Dichiarare sempre, indipendentemente dall'età o dal lavoro

d) Non dichiarare mai

88-Cos'è il "Principio di Sufficienza" nel diritto tributario?

a) Il principio che stabilisce che le tasse devono essere sufficienti a coprire il bilancio dello Stato

b) Il principio che stabilisce che le tasse devono essere sufficienti solo per finanziare le spese militari

c) Il principio che stabilisce che le tasse devono essere sufficienti solo per finanziare le spese sociali

d) Il principio che stabilisce che le tasse devono essere sufficienti solo per finanziare le spese sanitarie

89-Quale istituzione gestisce il servizio di registrazione contratti di locazione?
a) Agenzia delle Entrate
b) INPS
c) Banca d'Italia
d) Ministero dell'Economia e delle Finanze

90-Cos'è il "Principio di Autonomia" nel diritto tributario?
a) Il principio che stabilisce che solo i cittadini autonomi debbano pagare le tasse
b) Il principio che stabilisce che solo le aziende autonome debbano pagare le tasse
c) Il principio che stabilisce che le tasse devono essere autonome rispetto al reddito del contribuente
d) Il principio che stabilisce che solo i cittadini con reddito elevato debbano pagare le tasse

91-Qual è l'obbligo del datore di lavoro in merito al TFR (Trattamento di Fine Rapporto)?
a) Versarlo al dipendente come bonus
b) Versarlo all'INPS come contribuzione pensionistica
c) Versarlo all'INAIL come premio assicurativo
d) Versarlo al dipendente solo se richiesto

92-Cos'è il "Principio di Fattibilità" nel diritto tributario?

a) Il principio che stabilisce che le tasse devono essere fattibili da calcolare

b) Il principio che stabilisce che le tasse devono essere fattibili solo per le aziende

c) Il principio che stabilisce che le tasse devono essere fattibili solo per i cittadini con formazione economica

d) Il principio che stabilisce che le tasse devono essere fattibili da pagare solo tramite sistemi elettronici

93-Quale organo giurisdizionale è competente in caso di controversie tra contribuenti e Amministrazione finanziaria di importo superiore a 50.000 euro?

a) Commissione Tributaria Regionale

b) Corte dei Conti

c) Corte di Cassazione

d) Corte di Giustizia dell'Unione Europea

94-Cos'è il "Principio di Concordanza" nel diritto tributario?

a) Il principio che stabilisce che le tasse devono concordare con il reddito del contribuente

b) Il principio che stabilisce che le tasse devono concordare con l'inflazione

c) Il principio che stabilisce che le tasse devono concordare con il tasso di interesse

d) Il principio che stabilisce che le tasse devono concordare con la nazionalità del contribuente

95-Qual è l'obbligo del contribuente in merito alla fatturazione elettronica?

a) Conservare le fatture solo in formato cartaceo

b) Conservare le fatture solo in formato digitale

c) Inviare le fatture solo in formato cartaceo

d) Inviare e conservare le fatture in formato elettronico

96-Cos'è il "Principio di Simplicità" nel diritto tributario?

a) Il principio che stabilisce che le tasse devono essere semplici da calcolare

b) Il principio che stabilisce che le tasse devono essere semplici da pagare

c) Il principio che stabilisce che le tasse devono essere semplici solo per le aziende

d) Il principio che stabilisce che le tasse devono essere semplici solo per i cittadini con formazione economica

97-Quale istituzione gestisce il servizio "Redditi PF - Agenzia delle Entrate"?

a) Banca d'Italia

b) INPS

c) Agenzia delle Entrate

d) Ministero dell'Economia e delle Finanze

98-Cos'è la "Tassa di Donazione"?

a) Un'imposta sul reddito delle persone fisiche

b) Un'imposta sulle transazioni finanziarie

c) Un'imposta sul trasferimento di beni a titolo gratuito

d) Un'imposta sulle operazioni di cambio valuta

99-Qual è l'obbligo del contribuente in merito alle fatture ricevute?

a) Conservarle per 3 anni

b) Conservarle solo se riguardano beni di lusso

c) Conservarle per 1 anno

d) Non è obbligatorio conservarle

100-Cos'è il "Principio di Transizione" nel diritto tributario?

a) Il principio che stabilisce che le tasse devono essere calcolate in base ai tassi di interesse

b) Il principio che stabilisce che le tasse devono cambiare solo ogni 10 anni

c) Il principio che stabilisce che le tasse devono essere calcolate in base alle preferenze individuali

d) Il principio che stabilisce che le tasse devono essere calcolate solo in base al reddito del contribuente

5

SOLUZIONI E MOTIVAZIONI

1-Risposta corretta: c) Principio di capacità contributiva

Motivazione: Il principio di capacità contributiva stabilisce che le imposte devono essere proporzionali alle capacità finanziarie dei contribuenti, in modo che chi ha maggiori risorse contribuisca di più.

2-Risposta corretta: a) Agenzia delle Entrate

Motivazione: L'Agenzia delle Entrate è l'organismo governativo italiano responsabile della riscossione delle imposte e dell'applicazione delle norme fiscali.

3-Risposta corretta: b) Imposta indiretta

Motivazione: L'IVA è un'imposta indiretta in quanto viene applicata sul consumo di beni e servizi e non direttamente sul reddito delle persone.

4-Risposta corretta: b) Il consumatore finale

Motivazione: L'IVA viene pagata dal consumatore finale

al momento dell'acquisto di beni o servizi e successivamente riscossa dall'azienda che la versa all'amministrazione fiscale.

5-Risposta corretta: c) L'omissione dolosa del pagamento delle tasse

Motivazione: L'evasione fiscale si riferisce all'omissione dolosa del pagamento delle tasse, mentre l'elusione fiscale riguarda l'uso legale di strategie per ridurre l'imposta dovuta.

6-Risposta corretta: a) Imposta diretta

Motivazione: L'IRPEF è un'imposta diretta in quanto viene applicata direttamente sui redditi delle persone fisiche.

7-Risposta corretta: c) Principio di capacità contributiva

Motivazione: Il principio di capacità contributiva stabilisce che le tasse devono essere proporzionali alle capacità finanziarie dei cittadini.

8-Risposta corretta: b) Presentare la dichiarazione dei redditi

Motivazione: L'obbligo principale del contribuente è quello di presentare correttamente e tempestivamente la dichiarazione dei redditi alle autorità fiscali.

9-Risposta corretta: c) L'uso legale di strategie per ridurre l'imposta dovuta

Motivazione: L'elusione fiscale si riferisce all'uso legale di strategie per ridurre l'imposta dovuta, mentre l'evasione fiscale è l'omissione dolosa del pagamento delle tasse.

10-Risposta corretta: b) 20%

Motivazione: L'aliquota standard dell'IVA in Italia è del 20%.

11-Risposta corretta: c) Fasce di reddito

Motivazione: L'IRPEF prevede diverse aliquote che variano in base al reddito del contribuente, suddiviso in diverse fasce.

12-Risposta corretta: b) Un'ulteriore tassa sul reddito a favore della regione

Motivazione: L'addizionale regionale IRPEF è un'ulteriore tassa sul reddito delle persone fisiche che va a finanziare le spese regionali.

13-Risposta corretta: a) Deducibilità fiscale

Motivazione: La deducibilità fiscale consente alle imprese di detrarre le spese sostenute dal reddito imponibile, riducendo così l'ammontare dell'imposta da pagare.

14-Risposta corretta: a) I cittadini sono tenuti a rispettare le leggi fiscali

Motivazione: Il principio di legalità impone ai cittadini di rispettare le leggi fiscali stabilite dallo Stato.

15-Risposta corretta: b) 30 aprile

Motivazione: In Italia, il termine entro il quale i contribuenti devono presentare la dichiarazione dei redditi è il 30 aprile di ogni anno.

16-Risposta corretta: d) Commissione Tributaria

Motivazione: La Commissione Tributaria è l'organo giurisdizionale che si occupa delle controversie tra contribuenti e amministrazione fiscale.

17-Risposta corretta: c) La possibilità per il contribuente di regolarizzare la propria posizione versando una sanzione ridotta

Motivazione: Il ravvedimento operoso consente al contribuente di regolarizzare la propria posizione fiscale versando una sanzione ridotta rispetto a quella prevista per l'evasione fiscale.

18-Risposta corretta: b) Riscuotere l'imposta direttamente dal contribuente

Motivazione: Il sostituto d'imposta è responsabile di riscuotere l'imposta direttamente dal contribuente e poi versarla alle autorità fiscali.

19-Risposta corretta: d) 5%

Motivazione: L'aliquota massima dell'IRAP in Italia è del 5%.

20-Risposta corretta: d) L'imposizione fiscale su un reddito da fonte estera

Motivazione: La doppia imposizione economica si verifica quando un individuo o un'impresa è soggetto all'imposizione fiscale su un reddito sia nel paese di residenza che in un paese straniero.

21-Risposta corretta: b) Riscuotere l'IRPEF dai dipendenti

Motivazione: Il datore di lavoro è responsabile di riscuotere l'IRPEF direttamente dai salari dei dipendenti prima di pagarli.

22-Risposta corretta: b) L'obbligo di contribuire alle spese pubbliche in proporzione alle proprie possibilità economiche

Motivazione: Il principio di capacità contributiva prevede che ogni individuo contribuisca alle spese pubbliche in base alle sue possibilità economiche.

23-Risposta corretta: a) 10%
Motivazione: In Italia, esiste un'IVA ridotta al 10% per alcuni beni di prima necessità.

24-Risposta corretta: c) Il paese in cui l'individuo ha il suo domicilio fiscale
Motivazione: La residenza fiscale di un individuo è determinata dal paese in cui ha il suo domicilio fiscale, ovvero la sua residenza abituale.

25-Risposta corretta: d) Inviare e conservare le fatture in formato elettronico
Motivazione: L'obbligo di fatturazione elettronica prevede che le fatture vengano inviate e conservate in formato elettronico.

26-Risposta corretta: b) Il reddito su cui si calcola l'imposta da pagare
Motivazione: Il reddito imponibile è il reddito su cui si basa il calcolo dell'imposta da pagare.

27-Risposta corretta: c) Conservarle per 5 anni
Motivazione: I contribuenti sono obbligati a conservare le ricevute fiscali per almeno 5 anni.

28-Risposta corretta: b) Una controversia legale tra contribuenti
Motivazione: Il contenzioso tributario si riferisce alle controversie legali che possono sorgere tra i contribuenti e l'am-

ministrazione fiscale.

29-Risposta corretta: c) L'evasione riguarda il pagamento delle tasse in ritardo, mentre l'elusione riguarda l'uso legale di strategie per ridurre l'imposta dovuta

Motivazione: L'evasione fiscale riguarda il pagamento delle tasse in ritardo o la loro omissione dolosa, mentre l'elusione fiscale riguarda l'uso legale di strategie per ridurre l'imposta dovuta.

30-Risposta corretta: c) L'IVA che può essere detratta dalla tassa dovuta dall'azienda

Motivazione: L'IVA deducibile è l'IVA che l'azienda può detrarre dalla tassa dovuta, in base alle spese sostenute.

31-Risposta corretta: c) Corte Costituzionale

Motivazione: La Corte Costituzionale in Italia ha il compito di valutare la costituzionalità delle leggi, comprese quelle fiscali.

32-Risposta corretta: a) Entro il 30 giugno

Motivazione: I lavoratori autonomi devono effettuare il versamento delle imposte entro il 30 giugno.

33-Risposta corretta: c) Il codice che identifica l'imposta da pagare

Motivazione: Il Codice Tributo è un codice numerico che identifica una specifica imposta da pagare.

34-Risposta corretta: b) Presentare l'ISEE alle autorità fiscali

Motivazione: L'ISEE è un indicatore utilizzato per valutare la situazione economica di una famiglia, ma non è direttamente presentato alle autorità fiscali.

35 - Risposta corretta: a) Un meccanismo attraverso il quale il consumatore paga l'IVA direttamente all'azienda

Motivazione: L'IVA invertita è un meccanismo che prevede che il consumatore paghi l'IVA direttamente all'azienda, anziché all'amministrazione fiscale.

36 - Risposta corretta: b) Riscuotere il TFR dal datore di lavoro

Motivazione: Il sostituto d'imposta è responsabile di riscuotere il TFR dal datore di lavoro e versarlo all'amministrazione fiscale.

37 - Risposta corretta: b) Una clausola che vieta discriminazioni tra contribuenti residenti e non residenti

Motivazione: La clausola di non discriminazione impedisce discriminazioni tra contribuenti residenti e non residenti in materia fiscale.

38 - Risposta corretta: b) Applicare un'aliquota di tassazione fissa

Motivazione: L'azienda che opta per la cedolare secca applica un'aliquota di tassazione fissa sui redditi derivanti dall'affitto di immobili.

39 - Risposta corretta: d) L'obbligo di pagare le tasse solo sugli introiti provenienti dal territorio nazionale

Motivazione: Il principio di territorialità stabilisce che le tasse devono essere pagate solo sugli introiti provenienti dal territorio nazionale.

40-Risposta corretta: c) 31 luglio
Motivazione: Le società di capitali in Italia devono presentare le dichiarazioni dei redditi entro il 31 luglio.

41-Risposta corretta: b) Il principio per cui le imposte devono essere diverse per ciascun contribuente
Motivazione: Il principio di non discriminazione implica che le imposte non devono essere diverse in base alla nazionalità o alla residenza del contribuente.

42-Risposta corretta: b) 30 aprile
Motivazione: I lavoratori dipendenti in Italia devono presentare le dichiarazioni dei redditi entro il 30 aprile.

43-Risposta corretta: c) Una procedura volontaria di accettazione dell'accertamento proposto dall'amministrazione fiscale
Motivazione: L'Accertamento con Adesione è una procedura attraverso la quale il contribuente accetta l'accertamento proposto dall'amministrazione fiscale per risolvere una controversia.

44-Risposta corretta: c) 90 giorni dalla ricezione dell'avviso
Motivazione: Il contribuente ha 90 giorni dalla ricezione dell'avviso di accertamento per presentare un reclamo in caso di disaccordo.

45-Risposta corretta: d) Un'imposta sulle operazioni finanziarie
Motivazione: L'imposta di bollo è un'imposta che viene applicata su vari tipi di operazioni finanziarie, come contratti,

titoli e atti notarili.

46-Risposta corretta: d) Inviare le fatture in formato elettronico tramite il Sistema di Interscambio (SDI)

Motivazione: L'obbligo di fatturazione elettronica verso la Pubblica Amministrazione prevede l'invio delle fatture tramite il Sistema di Interscambio (SDI).

47-Risposta corretta: b) Un obbligo di dichiarare le operazioni con paesi esteri

Motivazione: L'esterometro è un obbligo attraverso il quale i contribuenti devono dichiarare le operazioni con paesi esteri.

48-Risposta corretta: d) 45%

Motivazione: L'aliquota massima dell'IRPEF in Italia è del 45%.

49-Risposta corretta: a) Il principio per cui le tasse devono essere uguali per tutti

Motivazione: Il principio di uguaglianza implica che le tasse devono essere applicate in modo uniforme a tutti i cittadini.

50-Risposta corretta: d) Richiedere il codice PIN per accedere ai servizi online dell'Agenzia delle Entrate

Motivazione: Il contribuente deve richiedere un codice PIN per accedere in modo sicuro ai servizi online dell'Agenzia delle Entrate.

51-Risposta corretta: a) Conservarla per 5 anni

Motivazione: Il contribuente è obbligato a conservare la dichiarazione dei redditi e i relativi documenti per almeno 5

anni dalla data di presentazione. Questo è importante per poter fornire prove nel caso in cui ci siano controlli o controversie con l'amministrazione fiscale.

52-Risposta corretta: c) Il principio che stabilisce che i cittadini debbano pagare le tasse nel paese in cui risiedono abitualmente

Motivazione: Il Principio di Residenza nel diritto tributario stabilisce che i cittadini debbano pagare le tasse nel paese in cui risiedono abitualmente. Questo principio è fondamentale per evitare situazioni di doppia imposizione e per garantire che i contribuenti partecipino finanziariamente al paese in cui effettivamente vivono.

53-Risposta corretta: c) L'IVA applicata alle operazioni tra paesi dell'Unione Europea

Motivazione: L'IVA intracomunitaria riguarda le operazioni commerciali tra paesi dell'Unione Europea. In queste transazioni, l'IVA non viene applicata al momento della vendita, ma il venditore registra l'operazione come esente con diritto alla detrazione, mentre l'acquirente registra l'operazione come soggetta a inversione contabile. Questo principio contribuisce a semplificare il commercio all'interno dell'UE.

54-Risposta corretta: b) Il totale dei redditi percepiti da un individuo

Motivazione: Il reddito complessivo di una persona fisica rappresenta l'ammontare totale dei redditi da tutte le fonti percepiti in un dato periodo di imposta. Include redditi da lavoro dipendente, autonomo, da capitale e altri redditi. Questo concetto è fondamentale per calcolare l'imposta dovuta.

55-Risposta corretta: a) Agenzia delle Entrate

Motivazione: In Italia, l'Agenzia delle Entrate è responsabile della riscossione coattiva delle imposte. Questo include il recupero forzoso delle somme non pagate dai contribuenti entro i termini previsti. La riscossione coattiva può avvenire attraverso varie modalità, come il pignoramento di beni o l'iscrizione di ipoteche.

56-Risposta corretta: d) Il principio che stabilisce che solo le leggi emanate dal Parlamento possono introdurre nuove imposte

Motivazione: Il Principio di Legalità nel diritto tributario stabilisce che solo le leggi emanate dal Parlamento possono introdurre nuove imposte o modificare quelle esistenti. Questo principio è essenziale per garantire la certezza del diritto e la tutela dei contribuenti da decisioni arbitrarie.

57-Risposta corretta: b) Ministero dell'Economia e delle Finanze

Motivazione: Il Modello F24, utilizzato per il pagamento delle imposte in Italia, è emesso dal Ministero dell'Economia e delle Finanze. Contiene le informazioni necessarie per effettuare il versamento delle imposte in modo corretto.

58-Risposta corretta: c) Un'IVA che non deve essere versata all'amministrazione fiscale

Motivazione: L'IVA esente è una tipologia di IVA che non deve essere versata all'amministrazione fiscale. Questa esenzione si applica a beni e servizi specifici, come ad esempio alcune operazioni finanziarie o alcune prestazioni mediche.

59-Risposta corretta: b) Riscuotere l'IRPEF dal dipendente e versarla all'amministrazione fiscale

Motivazione: Il datore di lavoro è obbligato a riscuotere l'IRPEF (Imposta sul Reddito delle Persone Fisiche) dal dipendente direttamente sulla retribuzione e a versarla all'amministrazione fiscale. Questa pratica è nota come ritenuta d'acconto e assicura che l'IRPEF venga correttamente prelevata dal reddito del lavoratore.

60-Risposta corretta: b) Il principio che stabilisce che le tasse devono essere basate sul reddito del contribuente

Motivazione: Il Principio di Progressività nel diritto tributario stabilisce che le tasse devono aumentare in base al reddito del contribuente. Questo significa che chi guadagna di più paga una percentuale maggiore del proprio reddito in tasse, mentre chi ha redditi più bassi paga una percentuale più bassa.

61-Risposta corretta: c) Comunicarle all'Agenzia delle Entrate entro 30 giorni

Motivazione: L'obbligo di comunicare le variazioni al catasto dei fabbricati è responsabilità del contribuente e deve essere adempiuto comunicando le modifiche all'Agenzia delle Entrate entro 30 giorni dalla loro occorrenza. Questo è importante per mantenere i registri aggiornati e garantire la corretta determinazione delle imposte immobiliari.

62-Risposta corretta: d) Una procedura in cui l'amministrazione fiscale determina l'imposta dovuta in assenza di dichiarazione da parte del contribuente

Motivazione: L'Accertamento d'Ufficio è una procedura attraverso cui l'amministrazione fiscale determina l'imposta dovuta in assenza di una dichiarazione da parte del contribuente o in caso di dichiarazione non veritiera. L'obiettivo è assicurare il corretto pagamento delle tasse anche in situazioni in cui non sia stata presentata una dichiarazione completa o accurata.

63-Risposta corretta: c) Commissione Tributaria Provinciale

Motivazione: La Commissione Tributaria Provinciale è l'organo giurisdizionale competente per l'appello contro una decisione dell'Amministrazione finanziaria. Questo livello di giudizio affronta controversie fiscali di importo inferiore a 50.000 euro e rappresenta un'istanza importante per la tutela del contribuente.

64-Risposta corretta: c) Un'imposta sul patrimonio netto di un contribuente

Motivazione: L'imposta patrimoniale è un'imposta che viene calcolata in base al valore complessivo del patrimonio netto di un contribuente. Questo include attività finanziarie, beni immobili, partecipazioni in aziende e altre risorse di valore. È diversa dall'IRPEF, che è basata sul reddito.

65-Risposta corretta: c) L'obbligo di utilizzare pagamenti digitali per ottenere rimborsi

Motivazione: L'obbligo di "cashback" in Italia consiste nell'utilizzare pagamenti digitali, come carte di credito o app di pagamento, al fine di ottenere rimborsi in base agli importi spesi. Questo incentiva l'uso di pagamenti elettronici e contribuisce a ridurre l'economia sommersa.

66-Risposta corretta: b) Un'imposta che finanzia le spese comunali

Motivazione: L'addizionale comunale IRPEF è un'imposta aggiuntiva che finanzia le spese dei comuni. Si basa sull'IRPEF pagato dal contribuente e può variare da comune a comune. Questo gettito aggiuntivo permette ai comuni di finanziare servizi e infrastrutture locali.

67-Risposta corretta: c) Associazione Italiana Tributaristi

Motivazione: In Italia, l'Associazione Italiana Tributaristi si occupa di fornire assistenza e tutela ai contribuenti in c aso di controversie fiscali. Offre consulenza legale e supporto nel risolvere questioni relative alle imposte e al diritto tributario.

68-Risposta corretta: b) Un obbligo di dichiarare i movimenti finanziari al fisco

Motivazione: L'obbligo di "conto corrente fiscale" richiede al contribuente di dichiarare i movimenti finanziari, come bonifici e versamenti, al fisco. Questo sistema è stato introdotto per migliorare la tracciabilità delle transazioni finanziarie e contrastare l'evasione fiscale.

69-Risposta corretta: d) Agenzia delle Entrate

Motivazione: L'attestazione di regolarità fiscale è emessa dall'Agenzia delle Entrate e attesta che il contribuente è in regola con i pagamenti delle imposte. Questo documento può essere richiesto in vari contesti, come gare d'appalto o richieste di finanziamento.

70-Risposta corretta: c) Il principio che stabilisce che le tasse devono essere aumentate in base al reddito del contribuente

Motivazione: Il Principio di Progressività nel diritto tributario stabilisce che le tasse devono aumentare in base al reddito del contribuente. Questo significa che chi guadagna di più paga una percentuale maggiore del proprio reddito in tasse, contribuendo proporzionalmente di più alle casse dello Stato.

71-Risposta corretta: d) Dichiararle correttamente nell'apposita sezione della dichiarazione dei redditi

Motivazione: Le spese mediche sostenute possono essere detratte o dedotte dalla base imponibile, ma è necessario dichiararle correttamente nell'apposita sezione della dichiarazione dei redditi. Questo permette al contribuente di ottenere agevolazioni fiscali legate alle spese sanitarie sostenute.

72-Risposta corretta: b) Il principio per cui le tasse devono finanziare il bilancio dello Stato

Motivazione: Il Principio di Efficienza nel diritto tributario stabilisce che le tasse devono essere sufficienti a finanziare il bilancio dello Stato e coprire le spese pubbliche. Questo principio garantisce la sostenibilità delle finanze pubbliche e l'erogazione dei servizi essenziali.

73-Risposta corretta: c) Un'imposta che finanzia le spese regionali

Motivazione: L'addizionale regionale all'IRPEF è un'imposta aggiuntiva che viene destinata alle regioni. Questo gettito supplementare consente alle regioni di finanziare spese e servizi regionali, contribuendo alla distribuzione delle risorse a livello territoriale.

74-Risposta corretta: b) Il principio che stabilisce che le tasse devono essere diverse per ciascun contribuente

Motivazione: Il Principio di Equità nel diritto tributario stabilisce che le tasse devono essere diverse per ciascun contribuente in base alla capacità contributiva. Questo principio mira a garantire che i contribuenti con redditi più alti contribuiscano proporzionalmente di più rispetto a quelli con redditi più bassi.

75-Risposta corretta: a) Agenzia delle Entrate
Motivazione: L'istituzione responsabile della gestione del servizio di registrazione contratti di affitto in Italia è l'Agenzia delle Entrate. L'obbligo di registrazione riguarda i contratti di locazione di immobili e contribuisce a garantire la tracciabilità delle transazioni e il rispetto delle normative fiscali.

76-Risposta corretta: c) Il principio per cui le tasse devono essere neutre in termini di effetti economici
Motivazione: Il Principio di Neutralità nel diritto tributario stabilisce che le tasse dovrebbero avere un impatto neutro sugli effetti economici delle decisioni dei contribuenti. Ciò significa che le tasse non dovrebbero alterare le scelte economiche dei cittadini, ma dovrebbero influenzare solo la distribuzione delle risorse pubbliche.

77-Risposta corretta: b) 20%
Motivazione: L'aliquota massima dell'IRAP (Imposta Regionale sulle Attività Produttive) in Italia è del 20%. L'IRAP è un'imposta regionale che colpisce le attività produttive e contribuisce alle risorse regionali.

78-Risposta corretta: c) Un'imposta sul trasferimento di beni da un defunto ai suoi eredi

Motivazione: La "Tassa di Successione" è un'imposta che si applica al trasferimento di beni e patrimoni da un defunto ai suoi eredi. Questa imposta viene calcolata in base al valore del patrimonio ereditato e può variare in base al grado di parentela tra defunto ed eredi.

79-Risposta corretta: c) Commissione Tributaria Provinciale

Motivazione: La Commissione Tributaria Provinciale è competente a trattare le controversie fiscali di importo inferiore a 50.000 euro. È un organo giurisdizionale che offre una prima istanza di ricorso per i contribuenti che intendono contestare le decisioni dell'Amministrazione finanziaria.

80-Risposta corretta: c) Un obbligo di pagare l'IVA direttamente all'azienda anziché all'amministrazione fiscale

Motivazione: L'obbligo di "reverse charge" è una pratica che prevede che l'IVA sia pagata direttamente dall'acquirente all'azienda venditrice anziché all'amministrazione fiscale. Questa procedura si applica in specifici contesti, come nelle operazioni tra paesi dell'UE o nei settori con elevato rischio di frode fiscale.

81-Risposta corretta: c) Riscuoterla dal dipendente e versarla all'amministrazione fiscale

Motivazione: L'obbligo della ritenuta d'acconto impone al datore di lavoro di riscuotere l'importo dell'IRPEF dallo stipendio del dipendente e di versarlo all'amministrazione fiscale. Questa pratica aiuta a garantire che l'IRPEF sia correttamente prelevata dal reddito del lavoratore prima che venga percepito.

82-Risposta corretta: c) Il principio che stabilisce che le tasse devono aumentare in base al reddito del contribuente

Motivazione: Il Principio di Equità Verticale nel diritto tributario stabilisce che le tasse devono aumentare in base al reddito del contribuente. Questo principio è alla base del concetto di progressività fiscale, in cui chi guadagna di più contribuisce proporzionalmente di più alle entrate fiscali dello Stato.

83-Risposta corretta: b) Agenzia delle Entrate

Motivazione: Il servizio "Fatture e Corrispettivi" è gestito dall'Agenzia delle Entrate ed è finalizzato a monitorare le transazioni commerciali emesse e ricevute dai contribuenti. Questo sistema contribuisce a combattere l'evasione fiscale e a garantire la corretta emissione delle fatture.

84-Risposta corretta: c) Un'imposta sulle transazioni immobiliari

Motivazione: L'imposta di registro è un'imposta che si applica alle transazioni immobiliari, come compravendite di proprietà immobiliari. Il suo importo è calcolato in base al valore dell'immobile oggetto della transazione e può variare in base alla tipologia di operazione.

85-Risposta corretta: b) INPS

Motivazione: In Italia, la gestione delle pensioni è competenza dell'Istituto Nazionale della Previdenza Sociale (INPS). L'INPS è responsabile dell'elaborazione e del pagamento delle pensioni a coloro che hanno maturato i requisiti previsti dalla legge.

86-Risposta corretta: a) L'obbligo di presentare la dichiarazione dei redditi entro una certa data

Motivazione: L'obbligo di "Principio di Dichiarazione" nel diritto tributario consiste nell'obbligo del contribuente di presentare la dichiarazione dei redditi entro una certa data stabilita dalla legge. Questo è un passo fondamentale per calcolare l'imposta dovuta in base al proprio reddito.

87-Risposta corretta: c) Dichiarare sempre, indipendentemente dall'età o dal lavoro

Motivazione: L'obbligo del contribuente riguardo alla dichiarazione dei redditi dei figli a carico prevede che tali redditi vengano sempre dichiarati, indipendentemente dall'età o dal lavoro dei figli. Questo principio assicura la corretta esposizione delle informazioni fiscali anche per i componenti della famiglia a carico.

88-Risposta corretta: a) Il principio che stabilisce che le tasse devono essere sufficienti a coprire il bilancio dello Stato

Motivazione: Il Principio di Sufficienza nel diritto tributario stabilisce che le tasse devono essere sufficienti a coprire il bilancio dello Stato e a finanziare le spese pubbliche. Questo principio è cruciale per garantire che lo Stato abbia le risorse necessarie per erogare servizi e programmi pubblici.

89-Risposta corretta: a) Agenzia delle Entrate

Motivazione: Il servizio di registrazione contratti di locazione è gestito dall'Agenzia delle Entrate in Italia. L'obbligo di registrazione riguarda i contratti di affitto di immobili e serve a garantire la trasparenza delle transazioni e il rispetto delle normative fiscali.

90-Risposta corretta: c) Il principio che stabilisce che le tasse devono essere autonome rispetto al reddito del contribuente

Motivazione: Il Principio di Autonomia nel diritto tributario stabilisce che le tasse devono essere indipendenti dal reddito del contribuente e basate su criteri specifici. Questo principio mira a evitare distorsioni nel calcolo delle imposte basate esclusivamente sul reddito.

91-Risposta corretta: b) Versarlo all'INPS come contribuzione pensionistica

Motivazione: Il Trattamento di Fine Rapporto (TFR) è una somma che il datore di lavoro deve versare all'INPS come contribuzione pensionistica in favore del dipendente. Questa somma è destinata a garantire una rendita pensionistica quando il lavoratore andrà in pensione.

92-Risposta corretta: a) Il principio che stabilisce che le tasse devono essere fattibili da calcolare

Motivazione: Il Principio di Fattibilità nel diritto tributario sottolinea che le tasse dovrebbero essere calcolate in modo chiaro e accessibile per i contribuenti. Questo principio contribuisce alla trasparenza e alla comprensibilità del sistema fiscale.

93-Risposta corretta: c) Corte di Cassazione

Motivazione: La Corte di Cassazione è l'organo giurisdizionale di livello più elevato in Italia. Tuttavia, in caso di controversie tra contribuenti e Amministrazione finanziaria di importo superiore a 50.000 euro, la competenza spetta alla Commissione Tributaria Regionale.

94-Risposta corretta: a) Il principio che stabilisce che le tasse devono concordare con il reddito del contribuente

Motivazione: Il Principio di Concordanza nel diritto tributario stabilisce che le tasse dovrebbero essere proporzionali al reddito del contribuente. Questo principio è essenziale per garantire che il carico fiscale sia equo e in linea con la capacità contributiva.

95-Risposta corretta: b) Conservare le fatture solo in formato digitale

Motivazione: L'obbligo relativo alla fatturazione elettronica prevede che le fatture debbano essere conservate in formato digitale. Questa pratica favorisce l'archiviazione efficiente delle transazioni commerciali e semplifica i processi di controllo fiscale.

96-Risposta corretta: b) Il principio che stabilisce che le tasse devono essere semplici da pagare

Motivazione: Il Principio di Simplicità nel diritto tributario enfatizza che le tasse dovrebbero essere facili da pagare da parte dei contribuenti. Questo principio mira a ridurre gli oneri amministrativi e a rendere il processo di pagamento delle imposte più accessibile.

97-Risposta corretta: a) Banca d'Italia

Motivazione: Il servizio "Redditi PF - Agenzia delle Entrate" non è gestito dall'Agenzia delle Entrate, bensì dalla Banca d'Italia. Questo servizio consente ai contribuenti di visualizzare i propri redditi dichiarati all'Agenzia delle Entrate e condivisi con la Banca d'Italia per varie finalità.

98-Risposta corretta: c) Un'imposta sul trasferimento di beni a titolo gratuito

Motivazione: La "Tassa di Donazione" è un'imposta che si applica al trasferimento di beni a titolo gratuito, come donazioni. Questa imposta è calcolata sul valore dei beni donati e ha lo scopo di generare entrate per lo Stato da queste transazioni.

99-Risposta corretta: a) Conservarle per 3 anni

Motivazione: L'obbligo di conservazione delle fatture ricevute prevede che queste debbano essere conservate per almeno 3 anni dalla loro emissione. Questo termine è importante per garantire che i documenti siano disponibili in caso di controlli o revisioni da parte dell'amministrazione fiscale.

100-Risposta corretta: c) Il principio che stabilisce che le tasse devono essere calcolate in base alle preferenze individuali

Motivazione: Il Principio di Transizione nel diritto tributario stabilisce che le tasse dovrebbero essere calcolate in base alle preferenze individuali e alle scelte economiche dei contribuenti. Questo principio è spesso associato a teorie di imposte basate sul consumo o su criteri personalizzati.

6

DIRITTO CIVILE: BREVE RIASSUNTO

Sezione 1: Introduzione al Diritto Civile

Il diritto civile è un insieme di regole che stabiliscono come le persone debbano comportarsi quando si tratta di questioni personali e di proprietà. Queste regole ci aiutano a comprendere i diritti e gli obblighi che abbiamo nei confronti degli altri nella società.

Sezione 2: I Principi Fondamentali del Diritto Civile

Capacità Giuridica: Ogni individuo ha il potere di detenere diritti e doveri stabiliti dalla legge. Ad esempio, quando raggiungiamo la maggiore età, possiamo stipulare contratti e compiere azioni legali.

Persona Giuridica: Oltre alle persone fisiche, il diritto civile riconosce anche le persone giuridiche come le aziende, che possono avere diritti e obblighi come individui separati.

Patrimonio: Il patrimonio è costituito dai beni e dai diritti di una persona, come casa, soldi, automobili. Questi beni possono essere oggetto di diritti di proprietà, accordi contrattuali e eredità.

Esempio: Se possiedi una casa, questa fa parte del tuo patrimonio personale.

Sezione 3: Contratti e Obbligazioni

Contratto: Un contratto è un accordo tra le parti che crea obblighi legalmente vincolanti. Ad esempio, quando acquisti un'auto, hai un contratto con il venditore che stabilisce i termini dell'acquisto.

Obbligazioni: Le obbligazioni sono doveri derivanti dai contratti o da altre situazioni previste dalla legge. Ad esempio, se hai un contratto per fornire servizi, hai l'obbligo di rispettarlo.

Esempio: Se prometti di consegnare un prodotto a un cliente entro una certa data, hai l'obbligo di farlo.

Sezione 4: Responsabilità Civile

Responsabilità Contrattuale: Si verifica quando una delle parti coinvolte in un contratto non adempie agli obblighi previsti. Ad esempio, se un'azienda non fornisce i beni pattuiti, può essere ritenuta responsabile.

Responsabilità Extracontrattuale: Si verifica quando si causa danno a qualcuno a causa di negligenza o colpa, anche senza un contratto. Ad esempio, se causi un incidente stradale, potresti essere ritenuto responsabile dei danni.

Esempio: Se causi danni a una proprietà di qualcun altro, sei responsabile di risarcire il danno.

Sezione 5: Successioni e Famiglia

Successioni: Il diritto civile regola il trasferimento dei beni e dei diritti di una persona dopo la sua morte. Ad esempio, quando un parente lascia una casa ai suoi figli nel testamento, è un caso di successione.

Diritto di Famiglia: Quest'area riguarda le relazioni familiari, come il matrimonio, il divorzio, la custodia dei figli. Ad esempio, stabilisce le norme su come le coppie sposate si prendono cura dei loro figli.

Esempio: Se erediti la casa di un parente defunto, è una situazione di successione.

7

QUESITI DI DIRITTO CIVILE

1-Qual è l'elemento fondamentale per la validità di un contratto?
 a) L'offerta
 b) L'accettazione
 c) La firma
 d) La consultazione legale

2-Cosa si intende per "capacità di agire" in diritto civile?
 a) L'abilità di svolgere attività commerciali
 b) L'età minima per contrarre matrimonio
 c) L'abilità di compiere atti giuridici
 d) L'età per votare alle elezioni

3-Quale principio stabilisce che un contratto debba avere un oggetto lecito?
 a) Principio della buona fede
 b) Principio dell'autonomia contrattuale
 c) Principio dell'obbligatorietà

d) Principio della liceità

4-Cosa si intende per "dolo" in diritto civile?
   a) Una condizione di incapacità mentale
   b) Una dichiarazione errata fatta in buona fede
   c) Un inganno volto a indurre in errore
   d) Un errore sulle caratteristiche dell'oggetto del contratto

5-Qual è la durata massima di un contratto di lavoro a tempo determinato secondo la legge italiana?
   a) 1 anno
   b) 2 anni
   c) 3 anni
   d) 5 anni

6-Cos'è la prescrizione in diritto civile?
   a) Il diritto di reclamare un debito
   b) L'obbligo di adempiere un contratto
   c) L'obbligo di rispettare la legge
   d) L'estinzione di un diritto a causa del non esercizio per un certo periodo

7-Quale istituto consente a una persona di amministrare i beni di un'altra persona incapace di provvedere a sé stessa?
   a) Donazione
   b) Testamento
   c) Amministrazione di sostegno
   d) Affidamento

8-Cosa è l'usufrutto?
   a) Il trasferimento di proprietà di un bene

b) Il diritto di utilizzare e godere di un bene altrui

c) L'obbligo di restituire un bene

d) Il diritto di vendere un bene

9-In quale ambito del diritto civile si affrontano le questioni legate alla famiglia?

a) Diritto delle obbligazioni

b) Diritto delle successioni

c) Diritto di famiglia

d) Diritto commerciale

10-Cosa si intende per "responsabilità oggettiva"?

a) La responsabilità di un avvocato nei confronti dei clienti

b) La responsabilità di una persona per i propri atti illeciti

c) La responsabilità di un datore di lavoro per le azioni dei dipendenti

d) La responsabilità di un giudice per le decisioni prese

11-Quale è l'organo giurisdizionale italiano di grado più elevato?

a) Corte di Appello

b) Tribunale

c) Corte di Cassazione

d) Corte Costituzionale

12-Cosa stabilisce il principio di "solidarietà" nelle obbligazioni?

a) Ciascun debitore risponde in proporzione alla sua quota

b) Ogni debitore risponde per l'intera obbligazione

c) L'obbligo può essere trasferito da un soggetto all'altro

d) L'obbligo può essere risolto da un accordo reciproco

13-Cosa è la "caparra confirmatoria" in un contratto?

a) Una garanzia richiesta dal venditore per evitare contestazioni

b) Un anticipo di denaro a titolo di garanzia della conclusione del contratto

c) Una sanzione per il ritardo nell'adempimento

d) Un'obbligazione accessoria

14-Qual è l'effetto principale di un contratto di compravendita?

a) Trasferimento della proprietà

b) Obbligo di restituire la cosa venduta

c) Obbligo di utilizzare la cosa venduta

d) Obbligo di pagamento di un canone

15-Cosa è il "piano di rientro" nel diritto fallimentare?

a) Un piano per evitare il fallimento

b) Un piano di riorganizzazione di un'azienda insolvente

c) Un piano di investimento in azioni

d) Un piano di risparmio

16-Cosa si intende per "obbligazione naturale"?

a) Un'obbligazione che non può essere adempiuta

b) Un'obbligazione morale, ma non giuridica

c) Un'obbligazione che può essere adempiuta in qualsiasi momento

d) Un'obbligazione che non richiede un contratto

17-Cos'è il "nomen iuris"?

a) Il nome di un giudice

b) Il nome di un avvocato

c) La denominazione ufficiale di un atto giuridico

d) Il nome di un testimone

18-Cosa si intende per "diritto di superficie"?

a) Il diritto di utilizzare la superficie di un bene

b) Il diritto di costruire sulla superficie di un bene altrui

c) Il diritto di vendere un bene

d) Il diritto di usufrutto

19-Qual è l'effetto dell'annullamento di un contratto?

a) Il contratto rimane valido ma con modifiche

b) Il contratto è considerato nullo fin dall'inizio

c) Il contratto può essere revocato da una delle parti

d) Il contratto rimane valido fino a nuove condizioni

20-Cosa è l'"interdizione" nel diritto civile?

a) Una pena per crimini gravi

b) Una sanzione per violazione di un contratto

c) Una misura che limita la capacità di agire di una persona

d) Un obbligo di risarcire un danno

21-Qual è la differenza tra "mandato" e "procura"?

a) Non esiste alcuna differenza

b) Il mandato riguarda il conferimento di rappresentanza legale

c) La procura riguarda la vendita di beni

d) Il mandato è un contratto, la procura è un atto giuridico unilaterale

22-Quale delle seguenti affermazioni riguardo all'obbligazione è corretta?

a) L'obbligazione è sempre a tempo indeterminato

b) L'obbligazione è una relazione tra almeno tre soggetti

c) L'obbligazione può essere solo di dare

d) L'obbligazione nasce solo da un contratto

23-Cosa si intende per "diritto di prelazione"?

a) Il diritto di avere una precedenza in tribunale

b) Il diritto di acquistare un bene prima di altri

c) Il diritto di ricevere un pagamento in anticipo

d) Il diritto di chiedere un rimborso

24-Qual è la differenza tra "cauzione" e "fideiussione"?

a) Non esiste alcuna differenza

b) La cauzione è un contratto, la fideiussione è un atto giuridico unilaterale

c) La cauzione riguarda il pagamento di un debito, la fideiussione riguarda la responsabilità di un terzo

d) La cauzione è una misura di sicurezza, la fideiussione è un risarcimento per danni

25-Cos'è il "diritto di abitazione"?

a) Il diritto di proprietà di un immobile

b) Il diritto di vivere in un immobile senza pagare un canone

c) Il diritto di entrare in un immobile altrui senza autorizzazione

d) Il diritto di affittare un immobile

26-Qual è il termine di prescrizione ordinaria per far valere un credito in Italia?

a) 1 anno

b) 3 anni

c) 5 anni

d) 10 anni

27-Cosa si intende per "contratto preliminare"?

a) Un contratto stipulato tra due parti

b) Un contratto che disciplina l'uso di beni immobili

c) Un contratto che stabilisce le regole di un'associazione

d) Un contratto con cui le parti si impegnano a stipulare un contratto definitivo

28-Cos'è la "cessione del credito"?

a) La perdita di un credito da parte del creditore

b) L'atto con cui il creditore trasferisce il suo credito a un terzo

c) L'obbligo di pagare un debito

d) L'annullamento di un credito

29-Quale dei seguenti non è un diritto reale?

a) Usufrutto

b) Obbligazione

c) Proprietà

d) Servitù

30-Quale è l'organo giudiziario competente per le controversie di lavoro in Italia?

a) Tribunale amministrativo

b) Corte di Cassazione

c) Tribunale del lavoro

d) Corte Costituzionale

31-Cosa è la "presunzione legale" in diritto civile?

a) Un'ipotesi giuridica fondata su un'assunzione non verificata

b) Un'assunzione fatta da una delle parti in un contratto

c) Un'ipotesi giuridica fondata su prove concrete

d) Un'assunzione basata su fatti accertati in tribunale

32-Cosa è il "mandato senza rappresentanza"?

a) Un contratto con cui una parte rappresenta legalmente l'altra

b) Un mandato conferito da un minore

c) Un mandato conferito da un incapace

d) Un mandato senza l'obbligo di rappresentare l'altra parte

33-Cosa si intende per "capacità di agire limitata"?

a) L'incapacità di svolgere atti giuridici

b) L'abilità di compiere solo atti di straordinaria amministrazione

c) L'abilità di compiere atti giuridici solo con l'approvazione di un giudice

d) L'abilità di compiere solo atti di disposizione

34-Cosa è il "diritto di recesso" in un contratto?

a) Il diritto di modificare il contratto unilateralmente

b) Il diritto di revocare un contratto senza obblighi

c) Il diritto di cedere il contratto a un terzo

d) Il diritto di estendere la durata del contratto

35-Qual è l'effetto della "confusione" in diritto civile?

a) La risoluzione di un contratto

b) L'estinzione di un debito

c) L'estinzione di una servitù

d) L'estinzione di un diritto reale

36-Cosa è il "rito sommario" nel processo civile?
a) Un processo senza la presenza delle parti
b) Un processo accelerato per questioni urgenti
c) Un processo riservato solo agli avvocati
d) Un processo senza la possibilità di appellarsi

37-Quale è il principio che stabilisce che un contratto vincola solo le parti che lo hanno sottoscritto?
a) Principio della buona fede
b) Principio dell'autonomia contrattuale
c) Principio della relatività dei contratti
d) Principio dell'obbligatorietà

38-Cosa si intende per "donazione" in diritto civile?
a) L'obbligo di pagare una somma di denaro
b) Il trasferimento gratuito di un bene da una parte all'altra
c) Il pagamento di una somma di denaro a titolo di risarcimento
d) Il trasferimento di un bene in cambio di un'altra cosa

39-Quale delle seguenti azioni non è un atto giuridico?
a) Firma di un contratto
b) Stipula di un testamento
c) Acquisto di un bene
d) Ricezione di una fattura

40-Cosa si intende per "clausola compromissoria" in un contratto?
a) Una clausola che obbliga le parti a rispettare le regole del

contratto

b) Una clausola che prevede la risoluzione anticipata del contratto

c) Una clausola che stabilisce un tribunale competente per le controversie

d) Una clausola che permette la revoca unilaterale del contratto

41-Quale è la differenza tra "nullità" e "annullabilità" di un contratto?

a) Non esiste alcuna differenza

b) La nullità riguarda un vizio grave, l'annullabilità riguarda un vizio meno grave

c) La nullità può essere sanata, l'annullabilità è irrimediabile

d) La nullità non può essere eccepita dalle parti, l'annullabilità sì

42-Cosa è la "coazione" in diritto civile?

a) L'obbligo di pagare un debito

b) L'obbligo di risarcire un danno

c) L'obbligo di sottoscrivere un contratto

d) L'uso di violenza o minaccia per ottenere una dichiarazione di volontà

43-Quale delle seguenti opzioni è un diritto del concedente in un contratto di locazione?

a) Il diritto di abitare nell'immobile

b) Il diritto di utilizzare l'immobile

c) Il diritto di ricevere un canone

d) Il diritto di acquistare l'immobile

44-Quale dei seguenti documenti è richiesto per la validità di un testamento olografo?

a) La firma di due testimoni

b) La registrazione presso un notaio

c) L'approvazione di un giudice

d) La presenza di un avvocato

45-Cos'è il "recesso unilaterale" in un contratto?

a) La risoluzione consensuale del contratto

b) Il diritto di ritirare un'offerta prima dell'accettazione

c) La modifica unilaterale del contratto da parte di una delle parti

d) Il trasferimento del contratto a un'altra parte

46-Cosa si intende per "possesso" in diritto civile?

a) La semplice detenzione di un bene

b) La proprietà di un bene

c) L'usufrutto di un bene

d) La possibilità di usare un bene in modo temporaneo

47-Quale è l'effetto dell'"adempimento" di un contratto?

a) L'annullamento del contratto

b) La risoluzione del contratto

c) L'estinzione delle obbligazioni

d) L'obbligo di risarcire i danni

48-Cosa è la "convenzione matrimoniale"?

a) Un accordo tra sposi per divorziare

b) Un accordo tra sposi per la gestione dei beni matrimoniali

c) Un accordo tra sposi per il matrimonio religioso

d) Un accordo tra sposi per l'adozione di minori

49-Cosa si intende per "lesione" in un contratto?

a) Il mancato adempimento di una delle parti

b) L'invalidità di un contratto

c) L'ottenimento di un vantaggio ingiusto da parte di una delle parti

d) L'irregolarità formale di un contratto

50-Quale è il principio che stabilisce che una persona non può arricchirsi ingiustamente a spese di un'altra?

a) Principio di solidarietà

b) Principio di onerosità

c) Principio di reciprocità

d) Principio di equivalenza

8

SOLUZIONI E MOTIVAZIONI

1-Risposta corretta: b) L'accettazione

Motivazione: L'elemento fondamentale per la validità di un contratto è l'accettazione dell'offerta da parte dell'altra parte. L'offerta è solo una proposta che deve essere accettata affinché il contratto diventi vincolante.

2-Risposta corretta: c) L'abilità di compiere atti giuridici

Motivazione: La capacità di agire è l'abilità di compiere atti giuridici e di essere titolari di diritti e obblighi. La capacità giuridica inizia con la nascita e termina con la morte.

3-Risposta corretta: d) Principio della liceità

Motivazione: Il principio della liceità stabilisce che un contratto debba avere un oggetto lecito, cioè conforme alla legge e ai principi dell'ordine pubblico. Un contratto con oggetto illecito è nullo.

4-Risposta corretta: c) Un inganno volto a indurre in errore

Motivazione: Il dolo è l'inganno artificioso volto a indurre in errore l'altra parte, determinando a concludere un contratto che altrimenti non avrebbe concluso.

5-Risposta corretta: c) 3 anni

Motivazione: La durata massima di un contratto di lavoro a tempo determinato in Italia è di 3 anni, prorogabili solo in casi specifici e con determinate condizioni.

6-Risposta corretta: d) L'estinzione di un diritto a causa del non esercizio per un certo periodo

Motivazione: La prescrizione è l'estinzione di un diritto a causa del non esercizio per un certo periodo di tempo. Scopo della prescrizione è garantire la certezza delle situazioni giuridiche.

7-Risposta corretta: c) Amministrazione di sostegno

Motivazione: L'amministrazione di sostegno è un istituto giuridico che consente di amministrare i beni di una persona incapace di provvedere a sé stessa. È una misura di protezione.

8-Risposta corretta: b) Il diritto di utilizzare e godere di un bene altrui

Motivazione: L'usufrutto è il diritto di utilizzare e godere di un bene altrui senza modificarne la destinazione economica. L'usufruttuario ha diritto ai frutti, ma non può disporre della cosa.

9-Risposta corretta: c) Diritto di famiglia

Motivazione: L'ambito del diritto di famiglia si occupa delle questioni legate alla costituzione, alla vita e allo scioglimento dei rapporti familiari, come il matrimonio, la filiazione e la separazione.

10-Risposta corretta: b) La responsabilità di una persona per i propri atti illeciti

Motivazione: La responsabilità oggettiva si riferisce alla responsabilità di una persona per i propri atti illeciti, anche in assenza di colpa. La responsabilità oggettiva si basa sulla causalità tra l'atto e il danno.

11-Risposta corretta: c) Corte di Cassazione

Motivazione: La Corte di Cassazione è l'organo giurisdizionale italiano di grado più elevato. Si occupa di decidere su questioni di legittimità e uniformità nell'applicazione delle leggi.

12-Risposta corretta: b) Ogni debitore risponde per l'intera obbligazione

Motivazione: Nel principio della solidarietà, ogni debitore risponde per l'intera obbligazione. Il creditore può richiedere l'adempimento a qualunque debitore in misura completa.

13-Risposta corretta: b) Un anticipo di denaro a titolo di garanzia della conclusione del contratto

Motivazione: La caparra confirmatoria è un anticipo di denaro versato a titolo di garanzia della conclusione del contratto. Se il contratto non si conclude, la caparra può essere persa.

14-Risposta corretta: a) Trasferimento della proprietà

Motivazione: L'effetto principale di un contratto di compravendita è il trasferimento della proprietà dalla parte venditrice alla parte acquirente. La proprietà è trasferita al momento della consegna.

15-Risposta corretta: b) Un piano di riorganizzazione di un'azienda insolvente

Motivazione: Il piano di rientro è un piano di riorganizzazione di un'azienda insolvente, finalizzato a consentire il recupero economico e il superamento della crisi.

16-Risposta corretta: b) Un'obbligazione morale, ma non giuridica

Motivazione: Un'obbligazione naturale è un'obbligazione morale, ma non giuridica. Sebbene non possa essere coattivamente esigibile in tribunale, può essere volontariamente adempiuta.

17-Risposta corretta: c) La denominazione ufficiale di un atto giuridico

Motivazione: Il nomen iuris è la denominazione ufficiale di un atto giuridico. Ad esempio, nel contratto di compravendita è "compravendita" il nomen iuris.

18-Risposta corretta: b) Il diritto di costruire sulla superficie di un bene altrui

Motivazione: Il diritto di superficie è il diritto di costruire e mantenere edifici o impianti sulla superficie di un fondo altrui. La proprietà delle costruzioni spetta al superficiario.

19-Risposta corretta: b) Il contratto è considerato nullo fin dall'inizio

Motivazione: L'annullamento di un contratto comporta la nullità del contratto fin dall'inizio, come se non fosse mai esistito. Le parti devono essere poste nella situazione precedente.

20-Risposta corretta: c) Una misura che limita la capacità di agire di una persona

Motivazione: L'interdizione è una misura che limita la capacità di agire di una persona in tutto o in parte, a causa di una infermità psichica o di un'altra incapacità.

21-Risposta corretta: b) Il mandato riguarda il conferimento di rappresentanza legale

Motivazione: Il mandato è un contratto con cui una parte (mandante) conferisce all'altra parte (mandatario) il potere di rappresentarla in un determinato affare giuridico.

22-Risposta corretta: b) L'obbligazione è una relazione tra almeno tre soggetti

Motivazione: L'obbligazione è una relazione giuridica tra due soggetti, debitore e creditore, che lega il primo a eseguire una prestazione in favore del secondo.

23-Risposta corretta: b) Il diritto di acquistare un bene prima di altri

Motivazione: Il diritto di prelazione è il diritto di acquistare un bene prima di altri soggetti. Viene spesso esercitato in caso di vendita di quote sociali o di partecipazioni immobiliari.

24-Risposta corretta: c) La cauzione riguarda il pagamento di un debito, la fideiussione riguarda la responsabilità di un terzo

Motivazione: La cauzione è un contratto con cui un terzo si obbliga al pagamento di un debito in caso di inadempimento del debitore. La fideiussione è l'impegno di una terza persona a garantire l'adempimento di un'obbligazione.

25-Risposta corretta: b) Il diritto di vivere in un immobile senza pagare un canone

Motivazione: Il diritto di abitazione è il diritto di abitare in un immobile (abitazione) senza pagare un canone o un affitto. Può essere concesso a vita o per un periodo determinato.

26-Risposta corretta: c) 5 anni

Motivazione: Il termine di prescrizione ordinaria per far valere un credito in Italia è di 5 anni. Allo scadere di tale termine, il creditore non può più far valere il suo diritto in tribunale.

27-Risposta corretta: d) Un contratto con cui le parti si impegnano a stipulare un contratto definitivo

Motivazione: Il contratto preliminare è un contratto con il quale le parti si impegnano a stipulare un contratto definitivo in futuro. Costituisce un impegno a contrarre.

28-Risposta corretta: b) L'atto con cui il creditore trasferisce il suo credito a un terzo

Motivazione: La cessione del credito è l'atto con cui il creditore trasferisce il suo credito a un terzo, il cessionario. Quest'ultimo diventa titolare del credito.

29-Risposta corretta: b) Obbligazione

Motivazione: L'obbligazione è una relazione giuridica in cui una parte (debitore) deve eseguire una prestazione in favore dell'altra parte (creditore). Non è un diritto reale.

30-Risposta corretta: c) Tribunale del lavoro

Motivazione: Le controversie di lavoro in Italia sono di competenza del Tribunale del lavoro. Questo organo giurisdizionale è specializzato nelle questioni legate al diritto del lavoro.

31-Risposta corretta: a) Un'ipotesi giuridica fondata su un'assunzione non verificata

Motivazione: La presunzione legale è un'ipotesi giuridica che si basa su un'assunzione non verificata ma ritenuta vera ai fini della legge.

32-Risposta corretta: d) Un mandato senza l'obbligo di rappresentare l'altra parte

Motivazione: Il mandato senza rappresentanza è un mandato conferito senza l'obbligo per il mandatario di rappresentare legalmente l'altra parte.

33-Risposta corretta: b) L'abilità di compiere solo atti di straordinaria amministrazione

Motivazione: La capacità di agire limitata si riferisce alla possibilità di compiere solo atti di straordinaria amministrazione, ovvero atti che vanno oltre la gestione ordinaria dei propri interessi.

34-Risposta corretta: b) Il diritto di revocare un contratto senza obblighi

Motivazione: Il diritto di recesso è la facoltà di una delle parti di revocare unilateralmente il contratto senza l'obbligo di motivare la decisione.

35-Risposta corretta: b) L'estinzione di un debito

Motivazione: La confusione è l'estinzione di un debito per il fatto che il creditore diventa proprietario della cosa dovuta, come nel caso in cui creditore e debitore siano la stessa persona.

36-Risposta corretta: b) Un processo accelerato per questioni urgenti

Motivazione: Il rito sommario è un procedimento giudiziario accelerato, finalizzato alla risoluzione di questioni urgenti o di particolare rilevanza.

37-Risposta corretta: c) Principio della relatività dei contratti

Motivazione: Il principio della relatività dei contratti stabilisce che un contratto vincola solo le parti che lo hanno sottoscritto, non coinvolgendo terzi estranei al contratto.

38-Risposta corretta: b) Il trasferimento gratuito di un bene da una parte all'altra

Motivazione: La donazione è il trasferimento gratuito di un bene da parte del donante al beneficiario. Non comporta un obbligo di pagamento.

39-Risposta corretta: d) Ricezione di una fattura

Motivazione: L'atto di ricezione di una fattura non è un atto giuridico. Gli atti giuridici sono azioni che producono effetti legali, come la stipula di contratti o la redazione di testamenti.

40-Risposta corretta: c) Una clausola che stabilisce un tribunale competente per le controversie

Motivazione: La clausola compromissoria è una clausola che stabilisce quale tribunale o arbitrato sarà competente a risolvere eventuali controversie tra le parti.

41-Risposta corretta: b) La nullità riguarda un vizio grave, l'annullabilità riguarda un vizio meno grave

Motivazione: La nullità è la sanzione per vizi gravi che rendono un contratto privo di effetti sin dall'inizio. L'annullabilità è la sanzione per vizi meno gravi che permette la risoluzione del contratto.

42-Risposta corretta: d) L'uso di violenza o minaccia per ottenere una dichiarazione di volontà

Motivazione: La coazione è l'uso di violenza o minaccia per ottenere una dichiarazione di volontà. Quando la volontà è estorta, il contratto è annullabile.

43-Risposta corretta: c) Il diritto di ricevere un canone

Motivazione: Il concedente in un contratto di locazione ha il diritto di ricevere un canone dal locatario, ovvero il pagamento periodico per l'uso dell'immobile.

44-Risposta corretta: a) La firma di due testimoni

Motivazione: Per la validità di un testamento olografo è richiesta la firma del testatore e di due testimoni che attesti la validità del documento e l'integrità della volontà del testatore.

45-Risposta corretta: b) Il diritto di ritirare un'offerta prima dell'accettazione

Motivazione: Il recesso unilaterale è il diritto di ritirare un'offerta prima che essa venga accettata dall'altra parte, rendendo l'offerta inefficace.

46-Risposta corretta: a) La semplice detenzione di un bene

Motivazione: Il possesso è la semplice detenzione di un bene con l'intenzione di comportarsi come se si fosse il proprietario. Non necessariamente implica la proprietà.

47-Risposta corretta: c) L'estinzione delle obbligazioni

Motivazione: L'adempimento di un contratto comporta l'estinzione delle obbligazioni delle parti coinvolte, ovvero l'esecuzione delle prestazioni pattuite.

48-Risposta corretta: b) Un accordo tra sposi per la gestione dei beni matrimoniali

Motivazione: La convenzione matrimoniale è un accordo tra sposi che regola la gestione dei beni durante il matrimonio, stabilendo il regime patrimoniale da adottare.

49-Risposta corretta: c) L'ottenimento di un vantaggio ingiusto da parte di una delle parti

Motivazione: La lesione è l'ottenimento di un vantaggio ingiusto da parte di una delle parti in un contratto, dovuto a uno squilibrio significativo tra le prestazioni delle parti.

50-Risposta corretta: d) Principio di equivalenza

Motivazione: Il principio di equivalenza stabilisce che una persona non può arricchirsi ingiustamente a spese di un'altra, assicurando un giusto equilibrio tra le prestazioni delle parti in un contratto.

9

DIRITTO AMMINISTRATIVO: BREVE RIASSUNTO

Sezione 1: Introduzione al Diritto Amministrativo

Il diritto amministrativo è una branca del diritto che riguarda l'organizzazione e il funzionamento delle istituzioni pubbliche, nonché i rapporti tra gli enti pubblici e i cittadini. Questa area legale è di fondamentale importanza poiché regola come lo Stato e le sue amministrazioni svolgono i propri compiti e offrono servizi ai cittadini. Conoscere il diritto amministrativo è cruciale per comprendere il ruolo dello Stato e la protezione dei diritti dei cittadini nell'ambito dell'azione amministrativa.

Sezione 2: I Principi Fondamentali del Diritto Amministrativo

Principio di Legalità: Questo principio stabilisce che l'azione amministrativa deve essere basata su leggi chiare e precise. Gli organi amministrativi devono operare all'interno dei limiti stabiliti dalla legge, evitando arbitrarietà e discrezionalità.

Principio di Imparzialità: Gli organi amministrativi devono agire in modo imparziale, evitando favoritismi o discriminazioni. Questo assicura che le decisioni prese siano basate su criteri oggettivi e non influenzate da fattori personali.

Principio di Proporzionalità: L'azione amministrativa deve essere proporzionata agli obiettivi perseguiti. Questo principio evita che le sanzioni o le misure prese siano eccessivamente severe rispetto alle infrazioni commesse.

Esempio: Se un cittadino riceve una multa per una violazione minore, il principio di proporzionalità richiede che l'importo della multa sia ragionevole e adeguato alla gravità dell'infrazione.

Sezione 3: Organizzazione e Struttura dell'Amministrazione Pubblica

Pubblica Amministrazione Centrale: Questa è l'insieme degli organi che gestiscono le questioni di interesse nazionale. Include ministeri e altre istituzioni a livello centrale.

Pubblica Amministrazione Locale: Comprende gli enti che si occupano delle questioni a livello locale, come i comuni e le province. Questi enti svolgono un ruolo importante nell'erogazione di servizi direttamente ai cittadini.

Esempio: Un comune gestisce servizi come la raccolta dei rifiuti e la manutenzione delle strade, mentre un ministero a livello centrale può occuparsi di politiche nazionali come la sanità o l'istruzione.

Sezione 4: Procedimenti Amministrativi

Procedimento Amministrativo: Questo è il modo in cui l'amministrazione prende decisioni. Deve essere condotto in modo trasparente, dando ai cittadini la possibilità di partecipare e difendere i propri interessi.

Principio del Contraddittorio: Durante un procedimento amministrativo, le parti coinvolte devono essere ascoltate e avere la possibilità di esprimere le proprie opinioni e difendere i propri diritti.

Esempio: Se un cittadino riceve una notifica di multa, ha il diritto di presentare le proprie argomentazioni e prove per dimostrare che la multa è ingiustificata.

Sezione 5: Responsabilità Amministrativa e Ricorsi

Responsabilità dell'Amministrazione: Se l'azione amministrativa causa danni ai cittadini, l'amministrazione può essere ritenuta responsabile e dover risarcire il danno.

Ricorsi Amministrativi: I cittadini hanno il diritto di ricorrere contro le decisioni amministrative che ritengono ingiuste o errate. Questo può coinvolgere una serie di passaggi e istituzioni per garantire una revisione imparziale.

Esempio: Se un cittadino subisce danni a causa di un errore dell'amministrazione, può presentare un ricorso per chiedere il risarcimento danni.

10

QUESITI DI DIRITTO AMMINISTRATIVO

1-Quale organo è responsabile del controllo di legittimità degli atti amministrativi in Italia?

a) Il Presidente della Repubblica

b) Il Consiglio dei Ministri

c) Il Presidente del Consiglio

d) Il Giudice Amministrativo

2-Cos'è la "delega legislativa"?

a) L'atto con cui un'amministrazione concede un finanziamento

b) L'atto con cui il Parlamento trasferisce alcuni suoi poteri al Governo

c) L'atto con cui il Governo istituisce un nuovo ente pubblico

d) L'atto con cui il Presidente della Repubblica promulga una legge

3-Cosa si intende per "autotutela" nell'ambito del diritto

amministrativo?

a) L'obbligo di seguire le leggi

b) L'obbligo di rispondere alle richieste degli amministrati

c) Il potere dell'amministrazione di annullare i propri atti illegittimi

d) Il dovere di fornire informazioni pubbliche

4-Quale è la funzione principale dell'Agenzia delle Entrate in Italia?

a) Garantire la sicurezza nazionale

b) Regolare il mercato azionario

c) Riscuotere le tasse

d) Gestire l'assistenza sanitaria

5-Cosa è il "silenzio-assenso" in ambito amministrativo?

a) L'obbligo di rispondere a un'istanza entro un certo termine

b) L'approvazione tacita di una richiesta se l'amministrazione non risponde entro un termine

c) L'obbligo di mantenere il silenzio su alcune questioni

d) L'approvazione esplicita di una richiesta

6-Cosa è il "tariffario" in ambito amministrativo?

a) L'elenco delle tariffe dei trasporti pubblici

b) L'elenco delle sanzioni previste per le violazioni amministrative

c) L'elenco delle tasse locali

d) L'elenco delle regole di condotta degli amministratori pubblici

7-Cosa è il "danno erariale" in diritto amministrativo?

a) Il danno subito da un'azienda privata

b) Il danno subito da un amministratore pubblico

c) Il danno subito da un cittadino a causa di un atto amministrativo illegittimo

d) Il danno subito da un ente pubblico a causa di attività illecite

8-Qual è l'organo supremo della magistratura amministrativa in Italia?

a) Corte di Cassazione

b) Consiglio di Stato

c) Corte Costituzionale

d) Tribunale Amministrativo Regionale (TAR)

9-Cosa è il "patto di stabilità" in ambito amministrativo?

a) Un accordo tra parti private

b) Un accordo tra il Governo e le Regioni per il controllo della spesa pubblica

c) Un accordo internazionale per la tutela dell'ambiente

d) Un accordo tra le parti sociali per il salario minimo

10-Cosa è il "codice degli appalti" in Italia?

a) Un insieme di norme per disciplinare le gare d'appalto pubbliche

b) Un codice civile

c) Un codice penale

d) Un insieme di norme per disciplinare il commercio internazionale

11-Cosa è l'"autorizzazione amministrativa"?

a) Un atto con cui l'amministrazione conferisce un premio

b) Un atto con cui l'amministrazione concede un finanziamento

c) Un atto con cui l'amministrazione dà il permesso per svolgere un'attività

d) Un atto con cui l'amministrazione impone una sanzione

12-Qual è la funzione del "Tribunale dei Conti" in Italia?

a) Giudicare le controversie tra privati

b) Giudicare le controversie tra Stato e Regioni

c) Controllare la regolarità della gestione economica-finanziaria degli enti pubblici

d) Valutare la costituzionalità delle leggi

13-Cosa è il "diritto di accesso" in ambito amministrativo?

a) Il diritto di un amministrato di non rispondere alle richieste dell'amministrazione

b) Il diritto dell'amministrazione di accedere ai beni privati

c) Il diritto di un amministrato di accedere agli atti e ai documenti dell'amministrazione

d) Il diritto dell'amministrazione di limitare l'accesso a determinate informazioni

14-Cos'è l'"avvio di ufficio" in ambito amministrativo?

a) L'avvio di un procedimento su richiesta di un cittadino

b) L'avvio di un procedimento su iniziativa dell'amministrazione

c) L'avvio di un procedimento su iniziativa del Presidente della Repubblica

d) L'avvio di un procedimento su iniziativa del Parlamento

15-Cosa è il "segreto istruttorio" in ambito amministrativo?

a) L'obbligo di comunicare pubblicamente tutti gli atti dell'amministrazione

b) L'obbligo di mantenere segreti i dati personali dei cittadini

c) L'obbligo di pubblicare tutti gli atti istruttori di un procedimento amministrativo

d) L'obbligo di mantenere segreto il contenuto degli atti istruttori di un procedimento amministrativo

16-Cosa è la "responsabilità amministrativa"?

a) La responsabilità civile di un amministratore pubblico

b) La responsabilità penale di un amministratore pubblico

c) La responsabilità di un cittadino nei confronti dell'amministrazione

d) La responsabilità di un'azienda privata

17-Quale organo ha il compito di vigilare sull'applicazione della legge sulla privacy in Italia?

a) Il Ministero dell'Interno

b) L'Agenzia per l'Italia Digitale (AGID)

c) L'Autorità Garante per la Protezione dei Dati Personali

d) L'Ispettorato Generale della Pubblica Amministrazione

18-Cos'è la "regolamentazione" in diritto amministrativo?

a) L'approvazione di una legge da parte del Parlamento

b) L'insieme delle regole che disciplinano l'organizzazione e il funzionamento delle amministrazioni pubbliche

c) L'obbligo di fornire informazioni pubbliche

d) L'obbligo di pubblicare le delibere del Consiglio dei Ministri

19-Qual è il compito dell'ANAC (Autorità Nazionale Anticorruzione) in Italia?

a) Gestire il sistema sanitario nazionale

b) Combattere la criminalità organizzata

c) Promuovere l'istruzione pubblica

d) Vigilare sulla legalità e l'etica nella pubblica amminis-trazione

20-Cosa è la "giustizia amministrativa"?

a) La giustizia penale applicata ai cittadini

b) La giustizia applicata nei procedimenti amministrativi

c) La giustizia applicata nei procedimenti civili

d) La giustizia applicata nei procedimenti penali

21-Cos'è la "tutela cautelare" in ambito amministrativo?

a) Una misura preventiva per evitare danni irreparabili in attesa di una decisione definitiva

b) Una misura di protezione per i minori

c) Una misura di protezione per i diritti umani

d) Una misura per evitare abusi da parte dell'amministrazione

22-Cosa è la "valutazione d'impatto ambientale"?

a) Un'indagine sulle attività economiche di un'azienda

b) Un'indagine sulla qualità dell'aria in una città

c) Un'indagine sulle implicazioni ambientali di un progetto pubblico o privato

d) Un'indagine sulla sostenibilità economica di un settore

23-Quale principio stabilisce che l'amministrazione pubblica deve agire secondo imparzialità e buon andamento?

a) Principio di legalità

b) Principio di efficienza

c) Principio di buona fede

d) Principio di imparzialità

24-Cosa è la "responsabilità patrimoniale" di un'amministrazione pubblica?

a) L'obbligo di mantenere un patrimonio culturale

b) L'obbligo di rispondere alle richieste dei cittadini

c) L'obbligo di adottare misure per il risparmio energetico

d) L'obbligo di risarcire i danni causati da un atto amministrativo illegittimo

25-Cosa è il "pubblico impiego" in ambito amministrativo?

a) L'insieme dei cittadini che partecipano a manifestazioni pubbliche

b) L'insieme dei servizi pubblici offerti ai cittadini

c) L'insieme delle professioni che riguardano la pubblicità

d) L'insieme dei lavoratori al servizio delle amministrazioni pubbliche

26-Cosa si intende per "diritto di accesso civico"?

a) Il diritto di un cittadino di accedere a documenti dell'amministrazione che riguardano la sua sfera personale

b) Il diritto di un cittadino di accedere a informazioni su attività di spionaggio

c) Il diritto di un cittadino di accedere a documenti dell'amministrazione di interesse pubblico

d) Il diritto di un cittadino di accedere a informazioni riservate dell'amministrazione

27-Cosa è la "responsabilità extracontrattuale" in ambito amministrativo?

a) La responsabilità di un amministratore pubblico per il mancato adempimento di un contratto

b) La responsabilità penale di un amministratore pubblico

c) La responsabilità di un amministratore pubblico per il danno causato a terzi nell'esercizio delle sue funzioni

d) La responsabilità di un amministratore pubblico per un reato commesso nell'ambito della sua attività

28-Quale organo ha il compito di garantire l'indipendenza dei giudici amministrativi?

a) Il Presidente della Repubblica

b) Il Consiglio dei Ministri

c) Il Presidente del Consiglio

d) Il Consiglio Superiore della Magistratura Amministrativa

29-Cosa è il "codice di comportamento dei dipendenti pubblici"?

a) Un codice penale riservato ai dipendenti pubblici

b) Un codice civile riservato ai dipendenti pubblici

c) Un insieme di norme etiche che disciplinano il comportamento dei dipendenti pubblici

d) Un insieme di norme fiscali riservate ai dipendenti pubblici

30-Cos'è la "dematerializzazione" in ambito amministrativo?

a) Il processo di trasformare beni fisici in beni virtuali

b) Il processo di semplificazione degli atti amministrativi, trasformandoli in formato digitale

c) Il processo di deindustrializzazione di un territorio

d) Il processo di conversione di valute

31-Cosa è il "contenzioso amministrativo"?

a) Il contenzioso tra cittadini

b) Il contenzioso tra imprese private

c) Il contenzioso tra amministrazioni pubbliche

d) Il contenzioso tra Stato e Chiesa

32-Quale organo ha il compito di esercitare il controllo sulla gestione finanziaria dello Stato?

a) Il Consiglio di Stato

b) La Corte dei Conti

c) Il Ministero dell'Economia e delle Finanze

d) Il Parlamento

33-Cosa è la "responsabilità disciplinare" in ambito amministrativo?

a) La responsabilità civile di un amministratore pubblico

b) La responsabilità penale di un amministratore pubblico

c) La responsabilità di un amministratore pubblico per il mancato adempimento di un contratto

d) La responsabilità di un amministratore pubblico per violazioni del codice di comportamento

34-Cos'è il "federalismo fiscale"?

a) Un sistema fiscale basato su monete locali

b) Un sistema fiscale basato su monete estere

c) Un sistema fiscale che prevede la partecipazione delle Regioni nella gestione delle entrate fiscali

d) Un sistema fiscale che prevede la gestione delle entrate fiscali da parte dell'Unione Europea

35-Cosa è il "parere obbligatorio" in ambito amministrativo?

a) Il parere di un esperto non vincolante

b) Il parere di un organo amministrativo senza valore giuridico

c) Il parere di un organo amministrativo che l'amministrazione deve obbligatoriamente richiedere prima di prendere una decisione

d) Il parere di un cittadino interessato alla questione

36-Cosa è l'"equo indennizzo" in ambito amministrativo?

a) Un premio per i dipendenti pubblici

b) Un indennizzo per i danni subiti dai cittadini a causa di un'azione dell'amministrazione

c) Un indennizzo per le imprese private

d) Un indennizzo per i danni causati da eventi naturali

37-Quale principio stabilisce che l'amministrazione deve rispondere in modo adeguato e tempestivo alle richieste dei cittadini?

a) Principio di legalità

b) Principio di efficienza

c) Principio di imparzialità

d) Principio di buona fede

38-Cosa è la "responsabilità penale" di un'amministrazione pubblica?

a) La responsabilità di un amministratore pubblico per il mancato adempimento di un contratto

b) La responsabilità di un'amministrazione pubblica per il mancato adempimento delle proprie funzioni

c) La responsabilità di un'amministrazione pubblica per violazioni di legge commesse nell'esercizio delle proprie funzioni

d) La responsabilità di un'amministrazione pubblica per il mancato pagamento di tributi

39-Cos'è il "reclamo" in ambito amministrativo?

a) Un'azione legale nei confronti dello Stato

b) Una protesta pubblica

c) Un ricorso presentato da un cittadino contro un atto amministrativo

d) Una forma di disobbedienza civile

40-Cosa è il "ricorso giurisdizionale" in ambito amministrativo?

a) Un'azione legale nei confronti di un privato cittadino

b) Un'azione legale nei confronti dello Stato

c) Un'azione legale nei confronti di un dipendente pubblico

d) Un'azione legale nei confronti di un sindacato

41-Cosa è la "giustizia tributaria"?

a) La giustizia penale applicata alle violazioni tributarie

b) La giustizia applicata nei procedimenti tributari

c) La giustizia applicata nei procedimenti amministrativi

d) La giustizia applicata nei procedimenti civili

42-Cos'è il "bilancio dello Stato"?

a) L'insieme delle entrate di un cittadino

b) L'insieme delle entrate di un'azienda privata

c) L'insieme delle entrate di uno Stato

d) L'insieme delle entrate di un'organizzazione non governativa

43-Quale organo ha il compito di redigere il bilancio dello Stato in Italia?

a) Il Parlamento

b) Il Presidente della Repubblica

c) Il Governo

d) La Corte dei Conti

44-Cosa è la "responsabilità civile" di un'amministrazione pubblica?

a) La responsabilità di un'amministrazione pubblica per il mancato adempimento delle proprie funzioni

b) La responsabilità di un'amministrazione pubblica per il mancato pagamento di tributi

c) La responsabilità di un'amministrazione pubblica per il mancato adempimento di un contratto

d) La responsabilità di un'amministrazione pubblica per violazioni di legge

45-Cos'è il "codice di procedura amministrativa"?

a) Un codice penale riservato alle amministrazioni pubbliche

b) Un codice civile riservato alle amministrazioni pubbliche

c) Un insieme di norme che disciplinano la procedura seguita dalle amministrazioni pubbliche

d) Un insieme di norme che disciplinano la procedura seguita dai cittadini

46-Cosa è il "diritto di petizione"?

a) Il diritto di chiedere un finanziamento all'amministrazione

b) Il diritto di chiedere un sussidio all'amministrazione

c) Il diritto di chiedere una sanzione all'amministrazione

d) Il diritto di presentare una richiesta o un reclamo all'amministrazione

47-Cos'è l'"accesso agli atti" in ambito amministrativo?

a) L'accesso dei cittadini agli atti degli altri cittadini

b) L'accesso dei cittadini agli atti delle aziende private

c) L'accesso dei cittadini agli atti dell'amministrazione

d) L'accesso dei cittadini agli atti dei tribunali

48-Cosa è il "diritto di partecipazione" in ambito amministrativo?

a) Il diritto di un cittadino di partecipare a manifestazioni pubbliche

b) Il diritto di un cittadino di partecipare a eventi culturali

c) Il diritto di un cittadino di partecipare a elezioni e consultazioni popolari

d) Il diritto di un cittadino di partecipare a eventi sportivi

49-Cosa è la "giurisdizione" in ambito amministrativo?

a) L'insieme dei tribunali civili

b) L'insieme dei tribunali penali

c) L'insieme dei tribunali amministrativi

d) L'insieme dei tribunali religiosi

50-Quale principio stabilisce che l'amministrazione deve agire secondo le regole dell'equità e della ragionevolezza?

a) Principio di legalità

b) Principio di efficienza

c) Principio di buona fede

d) Principio di giustizia

11

SOLUZIONI E MOTIVAZIONI

1-Risposta corretta: d) Il Giudice Amministrativo

Motivazione: In Italia, il controllo di legittimità degli atti amministrativi è affidato al Giudice Amministrativo, che opera presso il Consiglio di Stato. Tale organo ha il compito di verificare la conformità degli atti amministrativi alle leggi e ai principi dell'ordinamento giuridico.

2-Risposta corretta: b) L'atto con cui il Parlamento trasferisce alcuni suoi poteri al Governo

Motivazione: La delega legislativa è l'atto con cui il Parlamento conferisce al Governo il potere di emanare leggi su determinate materie. Questo strumento permette al Parlamento di condividere temporaneamente alcuni suoi poteri normativi con l'esecutivo, ma mantenendo un controllo sulla materia delegata.

3-Risposta corretta: c) Il potere dell'amministrazione di annullare i propri atti illegittimi

Motivazione: L'autotutela rappresenta il potere dell'amministrazione di annullare i propri atti quando emergono elementi di illegittimità o irregolarità. Questo meccanismo permette all'amministrazione di correggere eventuali errori e assicurare la conformità dei propri atti alle norme.

4-Risposta corretta: c) Riscuotere le tasse

Motivazione: L'Agenzia delle Entrate è l'organo italiano responsabile della riscossione delle imposte e delle tasse. Ha il compito di garantire il corretto adempimento degli obblighi fiscali da parte dei contribuenti e di gestire l'intero sistema tributario nazionale.

5-Risposta corretta: b) L'approvazione tacita di una richiesta se l'amministrazione non risponde entro un termine

Motivazione: Il silenzio-assenso è il principio secondo cui una richiesta presentata da un cittadino all'amministrazione è considerata approvata in mancanza di una risposta entro un termine stabilito. Questo principio mira a garantire tempi più rapidi e efficienti nell'erogazione dei servizi pubblici.

6-Risposta corretta: b) L'elenco delle sanzioni previste per le violazioni amministrative

Motivazione: Il tariffario è l'elenco delle sanzioni o delle tariffe stabilite per le violazioni delle norme amministrative. Fornisce trasparenza e chiarezza riguardo alle conseguenze delle infrazioni e alle relative sanzioni applicabili.

7-Risposta corretta: c) Il danno subito da un cittadino a causa di un atto amministrativo illegittimo

Motivazione: Il danno erariale è il danno patrimoniale subito dall'erario, cioè dallo Stato o da enti pubblici, a causa di atti o comportamenti illeciti o negligenze di dipendenti pubblici. È differente dal danno subito da un cittadino singolo, in quanto coinvolge l'interesse pubblico.

8-Risposta corretta: b) Consiglio di Stato

Motivazione: Il Consiglio di Stato è l'organo supremo della giustizia amministrativa in Italia. Ha il compito di garantire l'indipendenza e l'imparzialità del giudizio amministrativo, nonché di assicurare il rispetto dei principi di legalità e correttezza nell'azione amministrativa.

9-Risposta corretta: b) Un accordo tra il Governo e le Regioni per il controllo della spesa pubblica

Motivazione: Il patto di stabilità è un accordo tra il Governo centrale e le Regioni volte a contenere la spesa pubblica e garantire un equilibrio finanziario. Ha l'obiettivo di stabilizzare la situazione economica e finanziaria delle amministrazioni pubbliche, prevenendo squilibri eccessivi.

10-Risposta corretta: a) Un insieme di norme per disciplinare le gare d'appalto pubbliche

Motivazione: Il codice degli appalti è un insieme di norme che regolamenta le procedure di gara per l'assegnazione di appalti pubblici. Ha lo scopo di garantire la trasparenza, la concorrenza e l'efficienza nell'utilizzo delle risorse pubbliche.

11-Risposta corretta: c) Un atto con cui l'amministrazione dà il permesso per svolgere un'attività

Motivazione: L'autorizzazione amministrativa è l'atto con cui l'amministrazione rilascia il permesso a un soggetto di svolgere un'attività specifica, previa verifica dei requisiti e delle condizioni richieste dalla legge.

12-Risposta corretta: c) Controllare la regolarità della gestione economica-finanziaria degli enti pubblici
Motivazione: Il Tribunale dei Conti è l'organo preposto al controllo della gestione economica-finanziaria degli enti pubblici. Ha il compito di verificare la legalità, l'efficienza e l'economicità dell'azione amministrativa.

13-Risposta corretta: c) Il diritto di un amministrato di accedere agli atti e ai documenti dell'amministrazione
Motivazione: Il diritto di accesso è la facoltà riconosciuta ai cittadini di accedere agli atti e ai documenti dell'amministrazione. Questo principio favorisce la trasparenza dell'azione amministrativa e consente ai cittadini di monitorare l'operato delle istituzioni.

14-Risposta corretta: b) L'avvio di un procedimento su iniziativa dell'amministrazione
Motivazione: L'avvio di ufficio è l'inizio di un procedimento amministrativo su iniziativa dell'amministrazione, senza che sia stata presentata una specifica istanza da parte di un privato. Questo strumento consente all'amministrazione di intervenire in situazioni rilevanti anche senza sollecitazione esterna.

15-Risposta corretta: d) L'obbligo di mantenere segreto il contenuto degli atti istruttori di un procedimento amministrativo
Motivazione: Il segreto istruttorio è il dovere dell'amministrazione di mantenere riservato il contenuto degli atti istruttori di un procedimento amministrativo, al fine di evitare

interferenze esterne o pregiudizi alla riservatezza delle parti coinvolte.

16 - Risposta corretta: b) La responsabilità penale di un amministratore pubblico

Motivazione: La responsabilità amministrativa è la disciplina giuridica che regola la responsabilità degli amministratori pubblici per comportamenti illeciti nell'esercizio delle loro funzioni. Questo può includere aspetti penali, civili o disciplinari.

17 - Risposta corretta: c) L'Autorità Garante per la Protezione dei Dati Personali

Motivazione: In Italia, l'Autorità Garante per la Protezione dei Dati Personali è l'organo preposto al controllo dell'applicazione delle norme sulla privacy. Ha il compito di garantire la tutela dei dati personali e di vigilare sul rispetto delle disposizioni in materia.

18 - Risposta corretta: b) L'insieme delle regole che disciplinano l'organizzazione e il funzionamento delle amministrazioni pubbliche

Motivazione: La regolamentazione rappresenta l'insieme delle norme e dei principi che disciplinano l'organizzazione, il funzionamento e l'azione delle amministrazioni pubbliche. Questo sistema normativo contribuisce a garantire l'efficienza, la trasparenza e la legalità dell'azione amministrativa.

19 - Risposta corretta: d) Vigilare sulla legalità e l'etica nella pubblica amministrazione

Motivazione: L'ANAC (Autorità Nazionale Anticorruzione) è un organo italiano istituito per vigilare sulla legalità, la trasparenza e l'etica nella pubblica amministrazione. Si occupa di prevenire e contrastare la corruzione e di promuovere comportamenti etici nell'azione amministrativa.

20-Risposta corretta: b) La giustizia applicata nei procedimenti amministrativi

Motivazione: La giustizia amministrativa è la branca del diritto che si occupa di risolvere le controversie tra i cittadini e l'amministrazione pubblica. Attraverso il contenzioso amministrativo, si garantisce che le decisioni dell'amministrazione siano conformi alle leggi e ai principi dell'ordinamento giuridico.

21-Risposta corretta: a) Una misura preventiva per evitare danni irreparabili in attesa di una decisione definitiva

Motivazione: La tutela cautelare è una misura che può essere adottata dal giudice amministrativo per prevenire danni irreparabili nell'attesa di una decisione definitiva sulla controversia. Questo strumento mira a preservare i diritti delle parti coinvolte nel procedimento.

22-Risposta corretta: c) Un'indagine sulle implicazioni ambientali di un progetto pubblico o privato

Motivazione: La valutazione d'impatto ambientale è uno strumento di analisi preventiva che valuta le possibili conseguenze ambientali di un progetto pubblico o privato prima che venga realizzato. Questo processo contribuisce a minimizzare gli effetti negativi sull'ambiente.

23-Risposta corretta: d) Principio di imparzialità

Motivazione: Il principio di imparzialità stabilisce che l'amministrazione deve agire senza favoritismi o discriminazioni, garantendo un trattamento equo e neutrale nei confronti dei cittadini e degli interessati. Questo principio preserva l'equità e la correttezza dell'azione amministrativa.

24-Risposta corretta: d) L'obbligo di risarcire i danni causati da un atto amministrativo illegittìmo

Motivazione: La responsabilità patrimoniale impone all'amministrazione pubblica di risarcire i danni patrimoniali subiti da un cittadino a causa di un atto amministrativo illegittimo. Questo principio assicura la tutela dei diritti dei cittadini nei confronti dell'azione amministrativa.

25-Risposta corretta: d) L'insieme dei lavoratori al servizio delle amministrazioni pubbliche

Motivazione: Il pubblico impiego rappresenta l'insieme dei lavoratori, tra cui dipendenti e funzionari, al servizio delle amministrazioni pubbliche. Questo settore è regolato da specifiche norme e regolamenti che disciplinano le condizioni di lavoro e i rapporti tra il personale e l'amministrazione.

26-Risposta corretta: c) Il diritto di un cittadino di accedere a documenti dell'amministrazione di interesse pubblico

Motivazione: Il diritto di accesso civico è la facoltà garantita ai cittadini di accedere a documenti e informazioni dell'amministrazione che riguardano interessi pubblici. Questo strumento promuove la trasparenza e consente ai cittadini di monitorare l'operato delle istituzioni.

27-Risposta corretta: c) La responsabilità di un amministratore pubblico per il danno causato a terzi nell'esercizio delle sue funzioni

Motivazione: La responsabilità extracontrattuale riguarda la responsabilità di un amministratore pubblico per il danno causato a terzi nell'esercizio delle sue funzioni. Questa forma di responsabilità implica che l'amministratore sia tenuto a risarcire il danno subito da terzi a causa delle sue azioni o omissioni.

28-Risposta corretta: d) Il Consiglio Superiore della Magistratura Amministrativa

Motivazione: Il Consiglio Superiore della Magistratura Amministrativa è l'organo che ha il compito di garantire l'indipendenza dei giudici amministrativi e di vigilare sulla corretta applicazione delle leggi nell'ambito della giustizia amministrativa.

29-Risposta corretta: c) Un insieme di norme etiche che disciplinano il comportamento dei dipendenti pubblici

Motivazione: Il codice di comportamento dei dipendenti pubblici rappresenta un insieme di norme etiche che stabiliscono i doveri e le responsabilità dei dipendenti nell'esercizio delle loro funzioni. Questo codice promuove l'integrità, la correttezza e l'efficienza nell'azione amministrativa.

30-Risposta corretta: b) Il processo di semplificazione degli atti amministrativi, trasformandoli in formato digitale

Motivazione: La dematerializzazione è il processo di trasformazione degli atti amministrativi cartacei in formati digitali. Questa pratica mira a migliorare l'efficienza dell'azione amministrativa, semplificando la gestione dei documenti e favorendo l'accesso e la condivisione delle informazioni.

31-Risposta corretta: c) Il contenzioso tra amministrazioni pubbliche

Motivazione: Il contenzioso amministrativo riguarda le controversie tra i cittadini e le amministrazioni pubbliche. Questa tipologia di contenzioso permette ai cittadini di far valere i propri diritti contro decisioni o atti dell'amministrazione che ritengono lesivi.

32-Risposta corretta: b) La Corte dei Conti

Motivazione: La Corte dei Conti è l'organo preposto al controllo sulla gestione finanziaria dello Stato. Ha il compito di verificare la legalità e la regolarità della gestione economica e finanziaria dell'ente pubblico.

33-Risposta corretta: d) La responsabilità di un amministratore pubblico per violazioni del codice di comportamento

Motivazione: La responsabilità disciplinare riguarda la responsabilità di un amministratore pubblico per violazioni del codice di comportamento o per comportamenti non conformi alle regole etiche previste. Questo tipo di responsabilità può comportare sanzioni disciplinari.

34-Risposta corretta: c) Un sistema fiscale che prevede la partecipazione delle Regioni nella gestione delle entrate fiscali

Motivazione: Il federalismo fiscale è un principio che prevede la partecipazione attiva delle Regioni nella gestione e nell'amministrazione delle entrate fiscali. Ciò permette una maggiore autonomia delle Regioni nella definizione delle politiche fiscali e nell'utilizzo delle risorse finanziarie.

35-Risposta corretta: c) Il parere di un organo amministrativo che l'amministrazione deve obbligatoriamente richiedere prima di prendere una decisione

Motivazione: Il parere obbligatorio è il parere di un organo amministrativo che l'amministrazione è tenuta a richiedere prima di adottare una decisione su una determinata questione. Questo strumento garantisce un controllo preventivo e un contributo tecnico nella presa di decisioni.

36-Risposta corretta: b) Un indennizzo per i danni subiti dai cittadini a causa di un'azione dell'amministrazione

Motivazione: L'equo indennizzo è un risarcimento economico concesso ai cittadini quando subiscono danni a causa di un'azione dell'amministrazione che viola i loro diritti. Questo strumento mira a riparare il danno subito e a garantire giustizia.

37-Risposta corretta: b) Principio di efficienza

Motivazione: Il principio di efficienza stabilisce che l'amministrazione deve agire con efficacia ed economia, utilizzando al meglio le risorse disponibili per raggiungere gli obiettivi prefissati. Questo principio promuove una gestione razionale e responsabile delle risorse pubbliche.

38-Risposta corretta: c) La responsabilità di un'amministrazione pubblica per violazioni di legge commesse nell'esercizio delle proprie funzioni

Motivazione: La responsabilità penale delle amministrazioni pubbliche riguarda le violazioni di legge commesse nell'esercizio delle loro funzioni. Questa forma di responsabilità coinvolge l'ente stesso e può comportare sanzioni pecuniarie o altre misure disciplinari.

39-Risposta corretta: c) Un ricorso presentato da un cittadino contro un atto amministrativo

Motivazione: Il reclamo è un ricorso presentato da un cittadino o da un interessato contro un atto amministrativo ritenuto ingiusto o illegittimo. Questo strumento consente ai cittadini di far valere i propri diritti e di richiedere una revisione dell'atto contestato.

40-Risposta corretta: b) Un'azione legale nei confronti dello Stato

Motivazione: Il ricorso giurisdizionale è un'azione legale che un cittadino può intraprendere nei confronti dello Stato o di un'amministrazione pubblica per far valere i propri diritti o contestare decisioni o atti illegittimi. Questo strumento garantisce il controllo giudiziario sull'azione amministrativa.

41-Risposta corretta: b) La giustizia applicata nei procedimenti tributari

Motivazione: La giustizia tributaria è la branca del diritto che si occupa di risolvere le controversie relative alle questioni tributarie tra i contribuenti e l'amministrazione fiscale. Attraverso il contenzioso tributario, si garantisce la corretta applicazione delle norme fiscali.

42-Risposta corretta: c) L'insieme delle entrate di uno Stato

Motivazione: Il bilancio dello Stato rappresenta l'insieme delle entrate e delle uscite finanziarie di un paese nel corso di un determinato periodo. È uno strumento fondamentale per la gestione delle finanze pubbliche e per garantire l'equilibrio tra entrate e spese.

43-Risposta corretta: c) Il Governo

Motivazione: In Italia, il bilancio dello Stato è redatto dal Governo. Questo processo prevede la stesura e l'approvazione del documento che illustra le entrate e le uscite pubbliche, contribuendo alla pianificazione finanziaria del paese.

44-Risposta corretta: a) La responsabilità di un'amministrazione pubblica per il mancato adempimento delle proprie funzioni

Motivazione: La responsabilità civile delle amministrazioni pubbliche riguarda il mancato adempimento o l'esecuzione inadeguata delle proprie funzioni. Questa forma di responsabilità implica l'obbligo di risarcire i danni patrimoniali subiti da terzi a causa dell'azione o dell'omissione dell'amministrazione.

45-Risposta corretta: c) Un insieme di norme che disciplinano la procedura seguita dalle amministrazioni pubbliche

Motivazione: Il codice di procedura amministrativa rappresenta un insieme di norme che regolamentano la procedura seguita dalle amministrazioni pubbliche nell'adozione delle proprie decisioni e nell'interazione con i cittadini. Questo codice garantisce la regolarità e la trasparenza dell'azione amministrativa.

46-Risposta corretta: d) Il diritto di presentare una richiesta o un reclamo all'amministrazione

Motivazione: Il diritto di petizione è la facoltà riconosciuta ai cittadini di presentare una richiesta o un reclamo all'amministrazione pubblica su questioni di interesse generale o personale. Questo strumento promuove la partecipazione attiva dei cittadini nell'azione amministrativa.

47-Risposta corretta: c) L'accesso dei cittadini agli atti dell'amministrazione

Motivazione: L'accesso agli atti è la facoltà garantita ai cittadini di accedere ai documenti e agli atti dell'amministrazione pubblica. Questo strumento favorisce la trasparenza e consente ai cittadini di monitorare l'operato delle istituzioni.

48-Risposta corretta: c) Il diritto di un cittadino di partecipare a elezioni e consultazioni popolari

Motivazione: Il diritto di partecipazione rappresenta la facoltà dei cittadini di prendere parte attiva alle elezioni, alle votazioni e alle consultazioni popolari. Questo diritto sottolinea l'importanza della partecipazione democratica nella scelta dei rappresentanti e delle decisioni pubbliche.

49-Risposta corretta: c) L'insieme dei tribunali amministrativi

Motivazione: La giurisdizione amministrativa è l'insieme dei tribunali specializzati nella risoluzione delle controversie tra i cittadini e l'amministrazione pubblica. Questi tribunali assicurano una giustizia specifica e competente nell'ambito del diritto amministrativo.

50-Risposta corretta: c) Principio di buona fede

Motivazione: Il principio di buona fede stabilisce che l'amministrazione deve agire secondo i principi di lealtà, correttezza e fiducia reciproca con i cittadini e gli interessati. Questo principio promuove un rapporto equo e collaborativo tra l'amministrazione e i destinatari delle decisioni.

12

DIRITTO PROCESSUALE CIVILE: BREVE RIASSUNTO

Sezione 1: Introduzione al Diritto Processuale Civile

Il diritto processuale civile è una branca del diritto che regola come vengono risolte le controversie tra le persone attraverso i tribunali. Questa area legale definisce le regole e le procedure che guidano i procedimenti giudiziari civili, garantendo un processo equo e giusto per tutte le parti coinvolte. Comprendere il diritto processuale civile è essenziale per chiunque voglia partecipare in modo informato e efficace a una causa legale.

Sezione 2: I Principi Fondamentali del Diritto Processuale Civile

Principio del Contraddittorio: Tutte le parti coinvolte in un procedimento giudiziario devono avere la possibilità di esprimere le proprie opinioni e difendere i propri interessi. Questo assicura che tutte le argomentazioni siano prese in considerazione prima di prendere una decisione.

Principio dell'Uguaglianza: Tutte le parti coinvolte nel procedimento devono essere trattate in modo equo e senza discriminazioni. Ogni persona ha il diritto di presentare le proprie prove e argomentazioni senza ostacoli ingiusti.

Principio del Giusto Processo: Il procedimento giudiziario deve essere condotto in modo giusto, equo e senza ritardi ingiustificati. Le decisioni dei tribunali devono essere basate sulle leggi e sulle prove presentate.

Esempio: Se due persone litigano su una questione, entrambe hanno il diritto di parlare e dimostrare di avere ragione davanti al giudice.

Sezione 3: Le Fasi del Processo Civile

Fase Introduttiva: Una parte presenta una richiesta legale (denominata "atto di citazione") per iniziare il procedimento. Questo atto spiega la controversia e le richieste della parte che lo presenta.

Fase di Istruttoria: Durante questa fase, le parti presentano le loro prove e testimonianze al tribunale. Si svolgono udienze in cui le parti espongono le loro argomentazioni.

Fase Decisionale: Dopo aver esaminato tutte le prove e le argomentazioni, il giudice prende una decisione sulla questione in disputa.

Esempio: Se due persone litigano su un contratto, la fase di istruzione potrebbe coinvolgere la presentazione di documenti e testimoni per dimostrare se il contratto è stato violato o meno.

Sezione 4: Appelli e Ricorsi

Appello: Se una parte non è d'accordo con la decisione del tribunale, può presentare un appello a una corte superiore. Questo processo permette una revisione della decisione originale.

Ricorso in Cassazione: È un tipo di appello che si presenta alla Corte di Cassazione, l'organo più alto della giurisdizione civile. La Corte verifica se sono state violate leggi o regole procedurali.

Esempio: Se una delle parti ritiene che il giudice abbia commesso un errore nella decisione, può presentare un appello per chiedere una nuova valutazione.

Sezione 5: Esecuzione delle Decisioni

Esecuzione Forzata: Se una parte non rispetta la decisione del tribunale, l'altra parte può richiedere l'esecuzione forzata, che prevede l'applicazione della decisione attraverso misure come il pignoramento di beni.

Processi Esecutivi: Questi sono procedimenti che consentono di mettere in atto le decisioni del tribunale e di garantire che siano rispettate.

Esempio: Se una persona non paga il denaro che deve secondo la decisione del tribunale, l'altra parte può richiedere l'esecuzione forzata per ottenere il pagamento.

13

QUESITI DI DIRITTO PROCESSUALE CIVILE

1-Quale organo giurisdizionale si occupa della risoluzione delle controversie tra privati in materia civile?
a) Corte Costituzionale
b) Corte Suprema di Cassazione
c) Tribunale amministrativo regionale (TAR)
d) Consiglio di Stato

2-Qual è l'organo giurisdizionale competente per la cognizione di prima istanza in materia civile?
a) Tribunale
b) Corte d'Appello
c) Corte Suprema di Cassazione
d) Consiglio di Stato

3-Quale principio stabilisce che il giudice non può pronunciare sentenze oltre ciò che è stato chiesto dalle parti?
a) Principio del contraddittorio

b) Principio del dispositivo

c) Principio della ragionevole durata del processo

d) Principio dell'imparzialità

4-In quale fase del procedimento si può proporre un'eccezione di incompetenza territoriale?

a) Fase istruttoria

b) Fase decisoria

c) Fase introduttiva

d) Fase di appello

5-Quale organo giurisdizionale esamina i fatti e le prove durante il processo civile?

a) Pubblico Ministero

b) Giudice di pace

c) Giudice istruttore

d) Giudice di merito

6-Quale termine indica il potere del giudice di interrompere il processo e rimettere le parti affinché raggiungano una conciliazione?

a) Sospensione

b) Rinvio

c) Concessione

d) Tentativo obbligatorio

7-Qual è il termine per proporre appello contro una sentenza di primo grado?

a) 10 giorni

b) 20 giorni

c) 30 giorni

d) 60 giorni

8-Cos'è la litispendenza?

a) L'obbligo di citare in giudizio tutte le parti coinvolte nella controversia

b) La possibilità di chiedere una consulenza legale gratuita

c) La ripartizione delle spese processuali tra le parti

d) La situazione in cui una stessa controversia è pendente presso più giudici

9-Quale principio stabilisce che le parti hanno il diritto di proporre mezzi di prova e di partecipare all'attività probatoria?

a) Principio del dispositivo

b) Principio del contraddittorio

c) Principio dell'ufficialità

d) Principio della ragionevole durata del processo

10-Quale organo giurisdizionale decide sui provvedimenti cautelari?

a) Corte Costituzionale

b) Corte Suprema di Cassazione

c) Tribunale

d) Corte d'Appello

11-Quale termine indica l'obbligo per le parti di sostenere le spese del processo?

a) Litispendenza

b) Concorso di colpa

c) Obbligazione solidale

d) Soccombenza

12-Quale documento inizia il procedimento civile dinanzi al giudice?

    a) Citazione in giudizio

    b) Notifica

    c) Richiesta di arbitrato

    d) Atto di appello

13-Quale procedura permette alle parti di risolvere la contro-versia con l'assistenza di un terzo neutrale?

    a) Mediazione

    b) Convenzione di negoziazione assistita

    c) Arbitrato

    d) Conciliazione

14-In quale fase del processo si verifica la proposizione della domanda da parte del ricorrente?

    a) Fase istruttoria

    b) Fase preliminare

    c) Fase decisoria

    d) Fase di appello

15-Cos'è la riassunzione del processo?

    a) La possibilità di proporre una nuova domanda

    b) L'obbligo di citare nuovi testimoni

    c) La possibilità di riprendere il processo dopo un'inter-ruzione

    d) L'obbligo di redigere una relazione conclusiva

16-Quale principio garantisce il diritto delle parti di essere sentite e di partecipare al dibattimento?

    a) Principio del dispositivo

b) Principio del contraddittorio

c) Principio dell'obbligatorietà dell'azione penale

d) Principio dell'ufficialità

17-Chi è responsabile della produzione e del deposito delle prove documentali durante il processo civile?

a) Giudice di merito

b) Pubblico Ministero

c) Cancelliere

d) Parte interessata

18-Quale organo giurisdizionale decide sui ricorsi avverso le decisioni del giudice di primo grado?

a) Corte Costituzionale

b) Corte Suprema di Cassazione

c) Corte d'Appello

d) Tribunale

19-Cos'è il termine di comparizione?

a) Il termine per il deposito delle prove documentali

b) Il termine per la proposizione dell'appello

c) Il termine per la risposta del convenuto alla citazione in giudizio

d) Il termine per il pagamento delle spese processuali

20-Quale procedura alternativa al processo civile coinvolge un terzo imparziale che facilita la risoluzione della controversia?

a) Conciliazione

b) Arbitrato

c) Giudizio abbreviato

d) Mediazione

21-Cos'è la costituzione di parte civile?

a) L'obbligo per le parti di presentare documenti

b) L'obbligo per il giudice di decidere secondo legge

c) L'opzione di proporre un'azione penale contro l'imputato

d) L'opzione di intervenire nel processo per chiedere il risarcimento dei danni

22-Quale termine indica l'invito rivolto alle parti a comparire davanti al giudice per discutere la controversia?

a) Notifica

b) Convocazione

c) Citazione in giudizio

d) Pubblicazione

23-Qual è il principio che stabilisce che il giudice non può decidere oltre ciò che è stato chiesto dalle parti?

a) Principio dell'obbligatorietà dell'azione penale

b) Principio del contraddittorio

c) Principio del dispositivo

d) Principio dell'obbligo di motivazione

24-Quale organo giurisdizionale è competente per i procedimenti di volontaria giurisdizione?

a) Corte Suprema di Cassazione

b) Corte Costituzionale

c) Tribunale

d) Corte d'Appello

25-Quale termine indica l'attività processuale attraverso la quale una parte risponde alle allegazioni dell'altra parte?

a) Difesa

b) Controricorso

c) Costituzione di parte civile

d) Conclusione

26-Cos'è l'atto di citazione?

a) L'atto con cui si propone ricorso in Cassazione

b) L'atto con cui si comunica la decisione del giudice

c) L'atto con cui si chiede al giudice di pronunciare una sentenza

d) L'atto con cui si chiede al giudice di decidere su una controversia

27-Quale termine indica il diritto di chiamare in giudizio un terzo responsabile del danno causato dal convenuto?

a) Rivalsa

b) Riconvenzionale

c) Intervento accessorio

d) Chiamata in causa

28-Quale organo giurisdizionale si occupa dell'omologazione delle transazioni tra le parti?

a) Tribunale

b) Corte Suprema di Cassazione

c) Corte d'Appello

d) Corte Costituzionale

29-Quale procedura permette alle parti di risolvere una controversia attraverso un giudizio breve e semplificato?

a) Giudizio di cognizione

b) Giudizio abbreviato

c) Giudizio di merito

d) Giudizio incidentale

30-Quale organo giurisdizionale è competente per i procedimenti di esecuzione forzata?
   a) Corte Suprema di Cassazione
   b) Tribunale
   c) Corte d'Appello
   d) Giudice di pace

31-Qual è il termine per proporre opposizione contro un decreto ingiuntivo?
   a) 10 giorni
   b) 20 giorni
   c) 30 giorni
   d) 60 giorni

32-Quale termine indica il diritto di chiedere la sospensione del processo per un motivo grave?
   a) Sospensione
   b) Rinvio
   c) Recesso
   d) Ricusazione

33-Cos'è il termine perentorio?
   a) Un termine che può essere prorogato
   b) Un termine che non può essere prorogato
   c) Un termine per la conclusione delle prove
   d) Un termine per l'opposizione a una sentenza

34-Quale procedura permette alle parti di raggiungere un accordo senza l'intervento del giudice?

a) Arbitrato

b) Convenzione di negoziazione assistita

c) Mediazione

d) Conciliazione

35 - Quale organo giurisdizionale è competente per le contro-versie di lavoro?

a) Corte Suprema di Cassazione

b) Tribunale

c) Corte d'Appello

d) Giudice di pace

36 - Quale termine indica l'atto con cui si chiede la revisione di una sentenza passata in giudicato?

a) Appello

b) Ricorso

c) Revoca

d) Domanda di revisione

37 - Qual è il termine per proporre opposizione contro un atto di precetto?

a) 5 giorni

b) 10 giorni

c) 15 giorni

d) 20 giorni

38 - Quale procedura permette alle parti di raggiungere un accordo con l'assistenza di un giudice?

a) Arbitrato

b) Convenzione di negoziazione assistita

c) Mediazione

d) Conciliazione

39-Quale termine indica la decisione finale del giudice sul merito della controversia?
   a) Sentenza
   b) Decreto
   c) Provvedimento
   d) Ordinanza

40-Quale organo giurisdizionale si occupa delle controversie in materia di diritti reali immobiliari?
   a) Tribunale
   b) Corte Suprema di Cassazione
   c) Corte d'Appello
   d) Giudice di pace

41-Cos'è la remissione del processo?
   a) L'atto con cui si chiede la riapertura del processo
   b) L'atto con cui il giudice rinuncia a giudicare
   c) L'atto con cui si chiede l'archiviazione della controversia
   d) L'atto con cui si rinuncia all'appello

42-Quale organo giurisdizionale è competente per le contro-versie relative ai diritti di famiglia?
   a) Tribunale
   b) Corte Suprema di Cassazione
   c) Corte d'Appello
   d) Giudice di pace

43-Quale procedura permette alle parti di risolvere la contro-versia con l'assistenza di un arbitro?

a) Arbitrato

b) Convenzione di negoziazione assistita

c) Mediazione

d) Conciliazione

44-Cos'è la riconvenzionale?

a) L'atto con cui si chiede la sospensione del processo

b) L'opzione di proporre un'azione penale contro l'imputato

c) L'opzione di chiedere la revoca di una sentenza

d) L'opzione di chiamare in causa un terzo responsabile

45-Quale organo giurisdizionale è competente per le controversie in materia di contratti?

a) Tribunale

b) Corte Suprema di Cassazione

c) Corte d'Appello

d) Giudice di pace

46-Quale termine indica il potere del giudice di disporre una misura cautelare per tutelare i diritti delle parti?

a) Autotutela

b) Istituzione

c) Proroga

d) Ufficialità

47-Quale procedura permette alle parti di risolvere una controversia attraverso un giudizio abbreviato e semplificato?

a) Giudizio di cognizione

b) Giudizio ordinario

c) Giudizio di merito

d) Giudizio monitorio

48-Qual è il termine per proporre ricorso in Cassazione contro una sentenza d'appello?

 a) 30 giorni

 b) 45 giorni

 c) 60 giorni

 d) 90 giorni

49-Cos'è la notificazione?

 a) L'atto con cui si comunica la decisione del giudice

 b) L'atto con cui si chiede al giudice di pronunciare una sentenza

 c) L'atto con cui si dà comunicazione di un atto processuale

 d) L'atto con cui si propone un'azione legale

50-Quale organo giurisdizionale è competente per i procedimenti di separazione e divorzio?

 a) Tribunale

 b) Corte Suprema di Cassazione

 c) Corte d'Appello

 d) Giudice di pace

14

SOLUZIONI E MOTIVAZIONI

1-Risposta: b) Corte Suprema di Cassazione.

Motivazione: La Corte Suprema di Cassazione è l'organo giurisdizionale competente per le controversie civili di terzo grado, dove le parti possono impugnare le sentenze di appello.

2-Risposta: a) Tribunale.

Motivazione: Il Tribunale è l'organo giurisdizionale competente per la cognizione di prima istanza in materia civile.

3-Risposta: b) Principio del dispositivo.

Motivazione: Il principio del dispositivo stabilisce che il giudice non può pronunciare sentenze oltre ciò che è stato chiesto dalle parti.

4-Risposta: c) Fase introduttiva.

Motivazione: L'eccezione di incompetenza territoriale è solitamente proposta nella fase introduttiva del processo.

5-Risposta: d) Giudice di merito.

Motivazione: Durante il processo civile, il giudice di merito è responsabile di esaminare i fatti e le prove presentate dalle parti.

6-Risposta: a) Sospensione.

Motivazione: La sospensione del processo è il potere del giudice di interrompere il processo e invitare le parti a cercare una conciliazione.

7-Risposta: c) 30 giorni.

Motivazione: In genere, il termine per proporre appello contro una sentenza di primo grado è di 30 giorni dalla notifica della sentenza stessa.

8-Risposta: d) Situazione in cui una stessa controversia è pendente presso più giudici.

Motivazione: La litispendenza si verifica quando la stessa controversia è già in corso davanti a più giudici.

9-Risposta: b) Principio del contraddittorio.

Motivazione: Il principio del contraddittorio stabilisce che le parti hanno il diritto di proporre mezzi di prova e di partecipare all'attività probatoria.

10-Risposta: c) Tribunale.

Motivazione: In genere, i provvedimenti cautelari sono decisi dal Tribunale, che è l'organo competente per le decisioni in prima istanza.

11-Risposta: d) Soccombenza.

Motivazione: Il termine "soccombenza" indica l'obbligo delle parti di sostenere le spese processuali, che può derivare dalla decisione del giudice.

12-Risposta: a) Citazione in giudizio.

Motivazione: L'atto di citazione in giudizio è il documento con cui si avvia il procedimento davanti al giudice.

13-Risposta: a) Mediazione.

Motivazione: La mediazione è una procedura alternativa al processo in cui un terzo neutrale facilita la risoluzione della controversia tra le parti.

14-Risposta: c) Fase decisoria.

Motivazione: La proposizione della domanda da parte del ricorrente avviene nella fase decisoria del processo.

15-Risposta: c) La possibilità di riprendere il processo dopo un'interruzione.

Motivazione: La riassunzione del processo indica la possibilità di riprendere il processo dopo un'interruzione, spesso dovuta alla mancata comparizione di una delle parti.

16-Risposta: b) Principio del contraddittorio.

Motivazione: Il principio del contraddittorio garantisce alle parti il diritto di essere sentite e di partecipare al dibattimento.

17-Risposta: c) Cancelliere.

Motivazione: Il cancelliere è l'addetto alla gestione dei documenti e delle prove documentali durante il processo.

18-Risposta: c) Corte d'Appello.

Motivazione: La Corte d'Appello è l'organo giurisdizionale competente per i ricorsi avverso le decisioni del giudice di primo grado.

19-Risposta: b) Il termine per la risposta del convenuto alla citazione in giudizio.

Motivazione: Il termine di comparizione è il periodo in cui il convenuto deve rispondere alla citazione in giudizio.

20-Risposta: d) Conciliazione.

Motivazione: La conciliazione è una procedura alternativa al processo in cui le parti raggiungono un accordo assistite da un giudice.

21-Risposta: d) L'opzione di intervenire nel processo per chiedere il risarcimento dei danni.

Motivazione: La costituzione di parte civile permette a un terzo danneggiato di intervenire nel processo e chiedere il risarcimento dei danni.

22-Risposta: b) Convocazione.

Motivazione: La convocazione è l'atto con cui si invita le parti a comparire davanti al giudice.

23-Risposta: c) Principio del dispositivo.

Motivazione: Il principio del dispositivo sancisce che il giudice non può decidere oltre ciò che è stato chiesto dalle parti.

24-Risposta: b) Corte Suprema di Cassazione.

Motivazione: La Corte Suprema di Cassazione è l'organo

giurisdizionale competente per i ricorsi in Cassazione.

25-Risposta: a) Difesa.

Motivazione: L'atto di difesa è quello con cui una parte risponde alle allegazioni dell'altra parte.

26-Risposta: a) L'atto con cui si propone ricorso in Cassazione.

Motivazione: L'atto di citazione in giudizio è quello con cui si avvia il procedimento davanti al giudice.

27-Risposta: d) Chiamata in causa.

Motivazione: La chiamata in causa è il diritto di chiamare in giudizio un terzo responsabile del danno causato dal convenuto.

28-Risposta: a) Tribunale.

Motivazione: In genere, la remissione del processo è decisa dal Tribunale, che è l'organo competente per le decisioni in prima istanza.

29-Risposta: b) Giudizio abbreviato.

Motivazione: Il giudizio abbreviato è una procedura semplificata che permette alle parti di risolvere la controversia in modo più rapido.

30-Risposta: b) Tribunale.

Motivazione: In genere, i procedimenti di esecuzione forzata sono di competenza del Tribunale.

31-Risposta: c) 15 giorni.

Motivazione: In genere, il termine per proporre opposizione contro un decreto ingiuntivo è di 15 giorni dalla notificazione dell'atto.

32-Risposta: a) Sospensione.

Motivazione: Il termine "sospensione" indica il diritto di chiedere la sospensione del processo per un motivo grave.

33-Risposta: b) Un termine che non può essere prorogato.

Motivazione: Un termine perentorio è un termine che non può essere prorogato e che ha un'importanza fondamentale nell'ambito del processo.

34-Risposta: c) Mediazione.

Motivazione: La mediazione è una procedura alternativa al processo in cui un terzo neutrale facilita la risoluzione della controversia tra le parti.

35-Risposta: a) Tribunale.

Motivazione: In genere, le controversie di lavoro sono di competenza del Tribunale.

36-Risposta: d) Domanda di revisione.

Motivazione: La domanda di revisione è l'atto con cui si chiede la revisione di una sentenza passata in giudicato.

37-Risposta: c) 15 giorni.

Motivazione: In genere, il termine per proporre opposizione contro un atto di precetto è di 15 giorni dalla notificazione dell'atto.

38-Risposta: d) Conciliazione.

Motivazione: La conciliazione è una procedura alternativa al processo in cui un giudice assiste le parti nella risoluzione della controversia.

39-Risposta: a) Sentenza.

Motivazione: La sentenza è la decisione finale del giudice sul merito della controversia.

40-Risposta: a) Tribunale.

Motivazione: In genere, le controversie in materia di diritti reali immobiliari sono di competenza del Tribunale.

41-Risposta: b) L'atto con cui il giudice rinuncia a giudicare.

Motivazione: La remissione del processo è l'atto con cui il giudice rinuncia a giudicare una controversia, solitamente perché ritiene che non siano soddisfatte le condizioni per il giudizio.

42-Risposta: a) Tribunale.

Motivazione: In genere, le controversie relative ai diritti di famiglia sono di competenza del Tribunale.

43-Risposta: a) Arbitrato.

Motivazione: L'arbitrato è una procedura alternativa al processo in cui le parti si affidano a un arbitro per la risoluzione della controversia.

44-Risposta: a) L'atto con cui si chiede la sospensione del processo.

Motivazione: La riconvenzionale è l'opzione di chiedere la sospensione del processo in caso di controversie connesse.

45-Risposta: a) Tribunale.

Motivazione: In genere, le controversie in materia di contratti sono di competenza del Tribunale.

46-Risposta: a) Autotutela.

Motivazione: Il potere del giudice di disporre misure cautelari per tutelare i diritti delle parti è esercitato attraverso l'autotutela.

47-Risposta: b) Giudizio abbreviato.

Motivazione: Il giudizio abbreviato è una procedura semplificata che permette alle parti di risolvere la controversia in modo più rapido.

48-Risposta: c) 60 giorni.

Motivazione: In genere, il termine per proporre ricorso in Cassazione contro una sentenza d'appello è di 60 giorni dalla notifica della sentenza stessa.

49-Risposta: c) L'atto con cui si dà comunicazione di un atto processuale.

Motivazione: La notificazione è l'atto con cui si comunica l'avvenuta comunicazione di un atto processuale.

50-Risposta: a) Tribunale.

Motivazione: In genere, i procedimenti di separazione e divorzio sono di competenza del Tribunale.

15

DIRITTO PENALE: BREVE RIASSUNTO

Sezione 1: Introduzione al Diritto Penale

Il diritto penale è la branca del diritto che tratta dei reati e delle conseguenti pene. Si concentra su come la società punisce i comportamenti dannosi o pericolosi per la comunità. Questa area del diritto è di fondamentale importanza per mantenere l'ordine e la sicurezza nella società. Comprendere il diritto penale è cruciale per comprendere quali comportamenti sono considerati crimini e quali sono le conseguenze legali che ne derivano.

Sezione 2: I Principi Fondamentali del Diritto Penale

Principio di Legalità: Questo principio afferma che nessuno può essere punito per un reato se non è previsto dalla legge. Ogni reato deve essere definito in modo chiaro e preciso dalla legge.

Principio di Presunzione d'Innocenza: Ogni persona è considerata innocente fino a prova contraria. È compito dell'accusa dimostrare oltre ogni ragionevole dubbio che la persona è colpevole.

Principio di Proporzionalità: Le pene devono essere proporzionate alla gravità del reato commesso. Le pene più severe sono riservate per i reati più gravi.

Esempio: Se qualcuno viene accusato di furto, è l'accusa che deve dimostrare che la persona è colpevole e che ha commesso effettivamente il furto.

Sezione 3: Tipi di Reati e Pene

Reati contro la Persona: Questi includono omicidio, lesioni personali e minacce. Le pene possono variare da multe a detenzione.

Reati contro la Proprietà: Questi includono furti, truffe e danneggiamenti. Le pene possono variare in base al valore dei beni rubati o danneggiati.

Reati Economici: Questi riguardano frodi finanziarie, evasione fiscale e corruzione. Le pene possono includere multe pesanti e detenzione.

Esempio: Se qualcuno compie un furto, potrebbe essere condannato a pagare una multa o scontare una pena detentiva, a seconda della gravità del reato.

Sezione 4: Procedura Penale

Indagine: La polizia e i pubblici ministeri raccolgono prove per determinare se c'è sufficiente base per un'accusa.

Processo: Il tribunale valuta le prove e determina la colpevolezza o l'innocenza dell'imputato.

Sentenza: Dopo il processo, il tribunale emette una sentenza che stabilisce se l'imputato è colpevole o innocente e, in caso di colpevolezza, stabilisce la pena.

Esempio: Dopo l'indagine, se ci sono prove sufficienti che qualcuno ha commesso un omicidio, il processo penale inizia con un'udienza in tribunale.

Sezione 5: Appelli e Giudizio Finale

Appello: Se l'imputato o l'accusa non sono d'accordo con la sentenza del tribunale, possono presentare un appello a una corte superiore per una nuova valutazione.

Cassazione: La Corte di Cassazione è la corte più alta e può essere chiamata a giudicare se la legge è stata correttamente applicata nel processo.

Esempio: Se un imputato ritiene che il tribunale abbia commesso un errore nel giudizio, può presentare un appello alla corte d'appello.

16

QUESITI DI DIRITTO PENALE

1-Quale principio stabilisce che nessuno può essere punito se non per un fatto previsto dalla legge come reato?
a) Principio di legalità
b) Principio di colpevolezza
c) Principio di proporzionalità
d) Principio di uguaglianza

2-Qual è l'elemento soggettivo che caratterizza il reato doloso?
a) Negligenza
b) Ignoranza
c) Colpa
d) Volontà

3-In quale fase del procedimento si svolge il contraddittorio tra accusa e difesa?
a) Fase preliminare
b) Fase dell'udienza preliminare

c) Fase delle indagini preliminari

d) Fase del dibattimento

4-Quale pena prevede la reclusione da tre a sette anni?

a) Pena detentiva

b) Pena pecuniaria

c) Pena accessoria

d) Pena restrittiva

5-Qual è l'età minima a cui si applica la responsabilità penale in Italia?

a) 12 anni

b) 14 anni

c) 16 anni

d) 18 anni

6-Cosa prevede il termine "reato prescritto" nel diritto penale?

a) Un reato che non può essere perseguito

b) Un reato grave

c) Un reato senza vitt ime

d) Un reato di poco conto

7-Qual è l'atto con cui il giudice dichiara la sentenza di condanna o di assoluzione?

a) Decretazione

b) Disposizione

c) Sentenza

d) Ordinanza

8-Quale termine indica il fatto di aiutare un autore di reato a

sfuggire alle autorità?

a) Frustrazione

b) Complicità

c) Associazione a delinquere

d) Istigazione

9-Cosa prevede il termine "reato consumato" nel diritto penale?

a) Un reato gravissimo

b) Un reato che ha causato danni

c) Un reato che è stato portato a termine

d) Un reato senza conseguenze

10-Quale istituto permette al reo di ottenere la sospensione condizionale della pena?

a) Libertà vigilata

b) Giudizio abbreviato

c) Rito direttissimo

d) Libertà provvisoria

11-Quale pena prevede la reclusione da uno a tre anni?

a) Pena detentiva

b) Pena pecuniaria

c) Pena accessoria

d) Pena restrittiva

12-Quale termine indica il reato commesso per difendere se stessi o altri da un'aggressione ingiusta?

a) Omicidio

b) Lesioni personali

c) Legittima difesa

d) Istruzione a delinquere

13-Cosa prevede il termine "tentativo" nel diritto penale?
a) Un reato che non può essere perseguito
b) Un reato grave
c) Un reato in corso di esecuzione
d) Un reato senza conseguenze

14-Quale principio stabilisce che non si può essere giudicati due volte per lo stesso fatto?
a) Principio di non colpevolezza
b) Principio di non discriminazione
c) Principio di legalità
d) Principio di ne bis in idem

15-Cosa prevede il termine "circostanze attenuanti" nel diritto penale?
a) Elementi a favore del reato
b) Elementi che aggravano il reato
c) Elementi che escludono il reato
d) Elementi che diminuiscono la pena

16-Quale termine indica l'atto che prevede l'obbligo di risarcire il danno causato dal reato?
a) Sanzione
b) Pena pecuniaria
c) Restituzione
d) Costituzione di parte civile

17-Qual è l'elemento oggettivo che caratterizza il reato colposo?

a) Negligenza
b) Ignoranza
c) Volontà
d) Colpa

18-Quale pena prevede la reclusione fino a due anni o la multa?
a) Pena detentiva
b) Pena pecuniaria
c) Pena accessoria
d) Pena restrittiva

19-Quale istituto permette la liberazione anticipata del condannato che ha scontato una parte della pena?
a) Amnistia
b) Indulto
c) Grazia
d) Remissione della pena

20-Quale termine indica la sospensione condizionale della pena?
a) Libertà vigilata
b) Amnistia
c) Indulto
d) Grazia

21-Qual è l'elemento soggettivo che caratterizza il reato colposo?
a) Negligenza
b) Ignoranza
c) Volontà
d) Colpa

22-Cosa prevede il termine "responsabilità penale" nel diritto penale?
a) La possibilità di scontare una pena
b) L'obbligo di pagare una multa
c) L'obbligo di risarcire il danno
d) L'obbligo di rispettare la legge

23-Quale istituto permette al giudice di sospendere la pena detentiva in caso di condanne fino a due anni?
a) Amnistia
b) Indulto
c) Grazia
d) Sospensione condizionale della pena

24-Quale termine indica il reato commesso da un pubblico ufficiale abusando dei propri poteri?
a) Abuso d'ufficio
b) Corruzione
c) Concussione
d) Furto

25-Qual è l'elemento oggettivo che caratterizza il reato doloso?
a) Negligenza
b) Ignoranza
c) Volontà
d) Colpa

26-Cosa prevede il termine "circostanze aggravanti" nel diritto penale?
a) Elementi a favore del reato

b) Elementi che attenuano il reato

c) Elementi che escludono il reato

d) Elementi che aggravano il reato

27-Quale termine indica la privazione temporanea della libertà personale del condannato?

a) Reclusione

b) Amnistia

c) Indulto

d) Detenzione

28-Quale istituto permette di ridurre la pena inflitta in caso di condanna?

a) Amnistia

b) Indulto

c) Grazia

d) Remissione della pena

29-Quale termine indica l'atto con cui il giudice dispone la chiusura del processo?

a) Sentenza

b) Ordinanza

c) Decretazione

d) Disposizione

30-Quale istituto permette di cancellare la condanna dal casellario giudiziale in certi casi?

a) Amnistia

b) Indulto

c) Riabilitazione

d) Grazia

31-Cosa prevede il termine "aberratio ictus" nel diritto penale?

a) Un errore nella scelta del mezzo per commettere il reato

b) Un errore nella scelta della vittima

c) Un errore nella definizione del reato

d) Un errore nell'identificazione dell'autore

32-Quale istituto permette di estinguere la pena mediante l'effettuazione di un'attività lavorativa?

a) Giorni ammenda

b) Giorni di reclusione

c) Lavori socialmente utili

d) Libertà vigilata

33-Cosa prevede il termine "delitto" nel diritto penale?

a) Un reato di lieve entità

b) Un reato grave

c) Un reato contro la morale

d) Un reato senza vittime

34-Quale istituto permette al condannato di scontare la pena al di fuori del carcere?

a) Libertà vigilata

b) Amnistia

c) Indulto

d) Sospensione condizionale della pena

35-Quale termine indica il reato commesso da chi corrompe un pubblico ufficiale per ottenere vantaggi?

a) Abuso d'ufficio

b) Corruzione

153

c) Concussione

d) Furto

36-Qual è l'elemento oggettivo che caratterizza il reato tentato?

a) Negligenza

b) Ignoranza

c) Volontà

d) Inizio di esecuzione

37-Cosa prevede il termine "concussione" nel diritto penale?

a) Un reato contro la pubblica amministrazione

b) Un reato contro il patrimonio

c) Un reato contro la vita

d) Un reato contro l'ambiente

38-Quale istituto permette di ridurre la pena in modo eccezionale e non generale?

a) Amnistia

b) Indulto

c) Grazia

d) Remissione della pena

39-Quale termine indica la pena accessoria che comporta la privazione di alcuni diritti civili?

a) Confisca

b) Esclusione

c) Interdizione

d) Decadenza

40-Qual è l'elemento oggettivo che caratterizza il reato ten-

tato?

a) Negligenza

b) Ignoranza

c) Volontà

d) Inizio di esecuzione

41-Cosa prevede il termine "falso in bilancio" nel diritto penale?

a) Un reato contro la proprietà

b) Un reato contro la pubblica amministrazione

c) Un reato contro la salute pubblica

d) Un reato contro il patrimonio

42-Quale istituto permette di concedere la grazia al condannato?

a) Presidente della Repubblica

b) Parlamento

c) Giudice

d) Avvocato

43-Quale termine indica la pena accessoria che comporta la confisca dei beni illecitamente ottenuti?

a) Esclusione

b) Decadenza

c) Interdizione

d) Confisca

44-Qual è l'elemento oggettivo che caratterizza il reato di furto?

a) Sottrazione di cosa mobile

b) Violenza contro la persona

c) Diffamazione

d) Abuso di ufficio

45-Cosa prevede il termine "dolo eventuale" nel diritto penale?

a) Un reato premeditato

b) Un reato consumato

c) Un reato senza vittime

d) Un reato commesso con l'accettazione del possibile risultato dannoso

46-Quale istituto permette di ridurre la pena in misura considerevole?

a) Amnistia

b) Indulto

c) Grazia

d) Riduzione di pena

47-Quale termine indica l'atto con cui si avvia il procedimento penale?

a) Denuncia

b) Citazione

c) Querela

d) Denuncia di parte

48-Qual è l'elemento oggettivo che caratterizza il reato di omicidio?

a) Sottrazione di cosa mobile

b) Violenza contro la persona

c) Diffamazione

d) Uccisione di una persona

49-Cosa prevede il termine "diffamazione" nel diritto penale?

a) Un reato contro la pubblica amministrazione

b) Un reato contro la vita

c) Un reato contro il patrimonio

d) Un reato contro l'onore

50-Quale istituto permette di interrompere la pena in caso di gravi motivi di salute del condannato?

a) Amnistia

b) Indulto

c) Grazia

d) Liberazione anticipata

17

SOLUZIONI E MOTIVAZIONI

1-Risposta: a) Principio di legalità.

Motivazione: Il principio di legalità prevede che nessuno può essere punito se non per un fatto previsto dalla legge come reato.

2-Risposta: d) Volontà.

Motivazione: Nel reato doloso, l'elemento soggettivo è la volontà, ovvero la consapevolezza e la volontà di compiere l'azione criminosa.

3-Risposta: d) Fase del dibattimento.

Motivazione: Il contraddittorio tra accusa e difesa si svolge nella fase del dibattimento del procedimento penale.

4-Risposta: a) Pena detentiva.

Motivazione: La reclusione è una pena detentiva che può variare da tre a sette anni in base alla gravità del reato.

5-Risposta: b) 14 anni.

Motivazione: In Italia, l'età minima a cui si applica la responsabilità penale è di 14 anni.

6-Risposta: a) Un reato che non può essere perseguito.

Motivazione: Un reato prescritto è un reato per il quale è scaduto il termine di prescrizione, quindi non può essere perseguito.

7-Risposta: c) Sentenza.

Motivazione: La sentenza è l'atto con cui il giudice dichiara la sentenza di condanna o di assoluzione.

8-Risposta: c) Associazione a delinquere.

Motivazione: L'associazione a delinquere è il reato che riguarda il coinvolgimento di più persone nell'organizzazione di attività criminali.

9-Risposta: c) Un reato che è stato portato a termine.

Motivazione: Un reato consumato è un reato che è stato portato a termine, ovvero è stato commesso con successo.

10-Risposta: d) Libertà provvisoria.

Motivazione: La sospensione condizionale della pena è una misura che permette al reo di ottenere la libertà provvisoria, soggetta a determinate condizioni.

11-Risposta: b) Pena pecuniaria.

Motivazione: La pena prevista per la reclusione da uno a tre anni è una pena pecuniaria.

12-Risposta: c) Legittima difesa.

Motivazione: La legittima difesa è il reato commesso per difendere se stessi o altri da un'aggressione ingiusta.

13-Risposta: c) Un reato in corso di esecuzione.

Motivazione: Il tentativo è un reato che è in corso di esecuzione ma non è stato portato a termine.

14-Risposta: d) Principio di ne bis in idem.

Motivazione: Il principio di ne bis in idem prevede che nessuno può essere giudicato due volte per lo stesso fatto.

15-Risposta: d) Elementi che diminuiscono la pena.

Motivazione: Le circostanze attenuanti sono elementi che possono portare a una riduzione della pena inflitta.

16-Risposta: d) Costituzione di parte civile.

Motivazione: La costituzione di parte civile è l'atto con cui si avvia la procedura per ottenere il risarcimento del danno causato dal reato.

17-Risposta: d) Colpa.

Motivazione: Nel reato colposo, l'elemento soggettivo è la colpa, ovvero la mancanza di attenzione o cura che ha portato al reato.

18-Risposta: b) Pena pecuniaria.

Motivazione: La pena prevista per la reclusione fino a due anni o la multa è una pena pecuniaria.

19-Risposta: d) Remissione della pena.

Motivazione: La remissione della pena è l'istituto che permette la liberazione anticipata del condannato che ha scontato una parte della pena.

20-Risposta: a) Libertà vigilata.

Motivazione: La sospensione condizionale della pena comporta la libertà vigilata del condannato.

21-Risposta: a) Negligenza.

Motivazione: Nel reato colposo, l'elemento soggettivo è la negligenza, ovvero la mancanza di attenzione o cura che ha portato al reato.

22-Risposta: d) L'obbligo di rispettare la legge.

Motivazione: La responsabilità penale prevede l'obbligo di rispettare la legge e di non commettere reati.

23-Risposta: d) Sospensione condizionale della pena.

Motivazione: La sospensione condizionale della pena permette al giudice di sospendere la pena detentiva in caso di condanne fino a due anni.

24-Risposta: c) Concussione.

Motivazione: La concussione è il reato commesso da un pubblico ufficiale abusando dei propri poteri.

25-Risposta: c) Volontà.

Motivazione: Nel reato doloso, l'elemento soggettivo è la volontà, ovvero la consapevolezza e la volontà di compiere l'azione criminosa.

26-Risposta: b) Elementi che attenuano il reato.

Motivazione: Le circostanze aggravanti sono elementi che possono portare a una maggiore severità della pena inflitta.

27-Risposta: a) Reclusione.

Motivazione: La reclusione è la pena detentiva che comporta la privazione temporanea della libertà personale del condannato.

28-Risposta: b) Indulto.

Motivazione: L'indulto è l'istituto che permette di ridurre la pena inflitta in caso di condanna.

29-Risposta: b) Ordinanza.

Motivazione: L'ordinanza è l'atto con cui il giudice dispone la chiusura del processo.

30-Risposta: c) Riabilitazione.

Motivazione: La riabilitazione è l'istituto che permette di cancellare la condanna dal casellario giudiziale in certi casi.

31-Risposta: a) Un errore nella scelta del mezzo per commettere il reato.

Motivazione: L'aberratio ictus è un errore nella scelta del mezzo per commettere il reato, che porta all'aggressione di una persona diversa da quella inizialmente intesa.

32-Risposta: c) Lavori socialmente utili.

Motivazione: I lavori socialmente utili sono un istituto che permette di estinguere la pena mediante l'effettuazione di un'attività lavorativa.

33-Risposta: b) Un reato grave.

Motivazione: Un delitto è un reato di grave entità.

34-Risposta: a) Libertà vigilata.

Motivazione: La libertà vigilata è un istituto che permette al condannato di scontare la pena al di fuori del carcere.

35-Risposta: b) Corruzione.

Motivazione: La corruzione è il reato commesso da chi corrompe un pubblico ufficiale per ottenere vantaggi.

36-Risposta: d) Inizio di esecuzione.

Motivazione: Nel reato tentato, l'elemento oggettivo è rappresentato dall'inizio di esecuzione del reato senza che sia stato portato a termine.

37-Risposta: a) Un reato contro la pubblica amministrazione.

Motivazione: La concussione è un reato contro la pubblica amministrazione, commesso da un pubblico ufficiale.

38-Risposta: c) Grazia.

Motivazione: La grazia è l'istituto che permette di ridurre la pena in modo eccezionale e non generale.

39-Risposta: c) Interdizione.

Motivazione: L'interdizione è la pena accessoria che comporta la privazione temporanea di alcuni diritti civili.

40-Risposta: d) Inizio di esecuzione.

Motivazione: Nel reato tentato, l'elemento oggettivo è rappresentato dall'inizio di esecuzione del reato senza che sia stato portato a termine.

41-Risposta: a) Un reato contro la pubblica amministrazione.

Motivazione: Il falso in bilancio è un reato contro la pubblica amministrazione, commesso da chi falsifica i bilanci di un'azienda o ente pubblico.

42-Risposta: a) Presidente della Repubblica.

Motivazione: Il presidente della Repubblica è l'autorità competente a concedere la grazia al condannato.

43-Risposta: d) Confisca.

Motivazione: La confisca è la pena accessoria che comporta la confisca dei beni illecitamente ottenuti.

44-Risposta: a) Sottrazione di cosa mobile.

Motivazione: Il reato di furto consiste nella sottrazione di cosa mobile altrui con intenzione di lucrare.

45-Risposta: d) Un reato commesso con l'accettazione del possibile risultato dannoso.

Motivazione: Il dolo eventuale è un reato commesso con l'accettazione del possibile risultato dannoso, anche se non è voluto esplicitamente.

46-Risposta: b) Indulto.

Motivazione: L'indulto è l'istituto che permette di ridurre la pena in misura considerevole.

47-Risposta: b) Citazione.

Motivazione: L'atto con cui si avvia il procedimento penale è la citazione, che invita il soggetto ad apparire davanti al giudice.

48-Risposta: d) Uccisione di una persona.

Motivazione: Il reato di omicidio consiste nell'uccisione di una persona da parte di un'altra.

49-Risposta: d) Un reato contro l'onore.

Motivazione: La diffamazione è un reato contro l'onore, commesso da chi diffonde notizie false o denigratorie su una persona.

50-Risposta: b) Indulto.

Motivazione: L'indulto è l'istituto che permette di interrompere la pena in caso di gravi motivi di salute del condannato.

CONCLUSIONE

In chiusura, spero che questo libro ti abbia permesso di comprendere meglio l'importanza dell'Agencia delle Entrate. Le sue attività hanno un impatto significativo sul modo in cui funziona il sistema fiscale e come vengono gestite le risorse pubbliche. Attraverso i test e le misure implementate, l'agenzia mira a migliorare la trasparenza e a ridurre l'evasione fiscale. Spero che ora tu possa vedere i benefici di tali sforzi e come contribuiscano a creare una base più solida per l'economia e la società italiane.

Printed by Amazon Italia Logistica S.r.l.
Torrazza Piemonte (TO), Italy

50503789R00098